Karl Johaentges
Jackie Blackwood

Bilder aus Irland

CIP-Kurztitelaufnahme der Deutschen Bibliothek
Bilder aus Irland
Autorin: Jackie Blackwood
Fotograf: Karl Johaentges.
Würzburg : Stürtz, 1997
ISBN 3-8003-0883-5
NE: Jackie Blackwood, Karl Johaentges

Gestaltung und Layout: Karl Johaentges
Korrekturen: Günter Fröbel, Neustadt
Uli Zimmermann, Frankfurt
Karte: Liselotte Lüddecke, Hannover
Satz: types. Fotosatz, Hannover

Printed in Germany ISBN 3-8003-0883-5

Fotos Umschlagseite: Junges Paar, Dublin
Cottage in Donegal
Wrack am Slea Head, Dingle
David Levine, Fanore
Foto Rückseite: Regenbogen über
'Little Skellig'

LEICA-Foto

Edition KaJo bei Stürtz, Würzburg

Vielen Dank

An dieser Stelle möchten wir all denen danken, die zum Gelingen dieses Bildbandes beigetragen haben: Dagmar Brinckmann, Peter Tautfest, Marianne Rauter, Renate und Thomas Rossmann, Antje Burkhardt, Karl-Heinz Raach und Bernhard Schmidt für ihre engagierte Kritik bei der Bildauswahl und beim kritischen Lesen der Manuskripte. Peter und Ursula Hansen möchte ich für ihre inhaltlichen Anregungen und ihre Hilfestellung bei der Finanzierung danken. Paddy Deriwan vom *Irish Tourist Board* in Dublin, Hannelore Thierauf und Judith Rauchhaupt von der *Irischen Fremdenverkehrszentrale* in Frankfurt, Thomas D. Bolster von der Botschaft von Irland, sei für ihre Unterstützung in Irland gedankt. *Irish Ferries* und Eamonn Cunningham von *Aer Lingus* für die ‚Passage', Grellan Rourke und Anne Grady vom *National Parks and Monuments Service/Public Works* in Dublin für Sondergenehmigungen. Natürlich dürfen auch die unermüdlichen Geister aus der Produktion in dieser Dankesliste nicht fehlen. Uli Zimmermann und Günter Fröbel sorgten für korrekte Textfahnen, Klaus Druhmann für ein exzellentes Schriftbild, Arja Brümmer für die Lithos, Karl und Christel Nolle, Corrina Völkel und Werner Sanewski schließlich fürs ‚Gedruckte'.
Nicht zuletzt ein besonders herzliches Dankeschön an diejenigen in Irland, die durch ihre spontane Gastfreundschaft und Hilfsbereitschaft erst Leben in dieses Buch gebracht haben:

Familie Cassidy, Slieve League
Brigid Donovan, Gort
Tommy Doolan, Burren
Michael and Katherine Gallagher, Carrick
Brigid Joyce, Inishere
John und Paddy Killoughrey, Lahinch
Eugene Lambe, Fanore
David Levine und Roslyn, Fanore
James Marsh, Curragh
Mr.+Mrs. MacFadden, Bloody Foreland
Tom Mullane, Crosshaven
Noel O'Neill, Belfast
Jimmy O'Donnell, Dunglow
Eugene O'Sullivan, Killarney
Jack O'Sullivan, Lauragh
Teddy und Joan O'Sullivan, Killmakiloge
Thomas Stevens, Dublin
Tommy Peoples, Toonagh
Frances, Mary und Amanda Phelan, Ballinasloe
Clare Ring, Knightstown
Micho Russell, Doolin
Aimo Salo, ‚Jenny Wilhelmina', Finnland
Dermot Walsh, Knightstown
George Writer, Galway
Trinity College Library

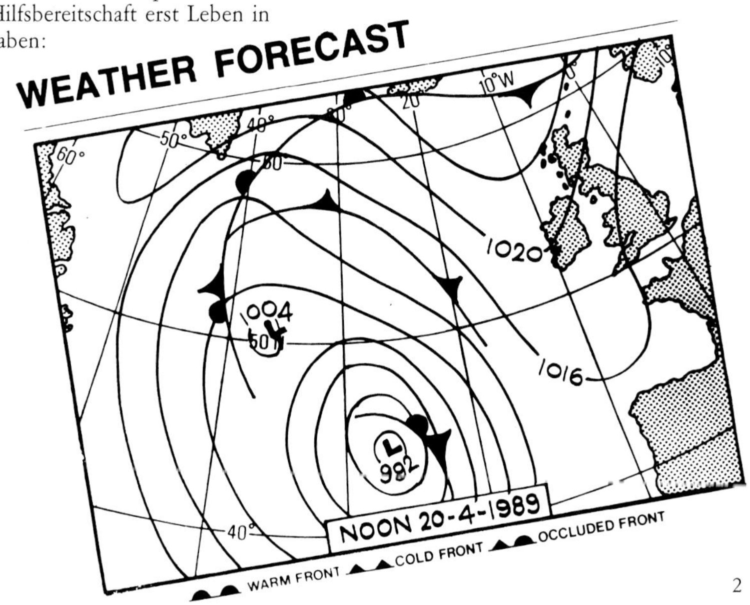

Vorwort

Grün – Esel – Mauern – Cottages: das sind meine ersten Erinnerungen an Irland. Wäre ich nicht durch Zufall auf mein Erdkunde-Lehrbuch gestoßen, ich könnte nicht einmal genau sagen, warum. Irland nahm in meiner Unterrichtshilfe ‚Europa' nur eine drittel Seite ein und damals (vermutlich in der *Sexta*) hatte ich mit noch krakeliger Schrift nebenstehendes Bild zu beschreiben. Damit war Irland fürs erste abgehakt.

1957, in dem Jahr also, als Heinrich Böll an seinem *Irischen Tagebuch* arbeitete, begann ich vorsichtig damit, meine Nase (im Erdkundeunterricht) über den Horizont der Vulkaneifel zu schieben. Und Jackie wanderte noch vier Jahre später als Säugling mit ihren Eltern per Schiff von Schottland nach Australien aus.

Heinrich Böll war es auch, der mit seinem „Irischen Tagebuch" bei uns (wie bei Millionen anderer Irland-Touristen) die Leidenschaft für Irland auslöste – mit vorprogrammierter Enttäuschung. Obwohl er sein Tagebuch mit einer Warnung eingeleitet hatte: „Es gibt dieses Irland: wer aber hinfährt und es nicht findet, hat keinen Ersatzanspruch an den Autor." Schon 13 Jahre später stellte Böll nostalgisch fest: „... und es sieht fast so aus, als hätten wir in den Jahren 1954 und 1955 Irland in jenem historischen Augenblick erwischt, wo es gerade anfing, eineinhalb Jahrhunderte zu überspringen und sich von fünf weiteren einholen zu lassen."

Dieses Irland ist heute mehr denn je Vergangenheit, aber in seiner romantischen Verklärung beeinflußte es immer noch die Reiseeinstimmung seiner deutschen Besucher, die – wenn sie sich zu sehr in Böll's Irland verlieben, enttäuscht werden. In unserem Fall hoffen wir, daß Sie dieses, *unser* Irland, auch noch in ein paar Jahren vorfinden werden. Vier Monate sind wir 1989 mit einem ausgebauten VW-Transporter über die *Grüne Insel* gereist. Jeweils zwei Monate im Frühjahr, von Anfang März bis Anfang Mai, und später im Hochsommer im Juli und August. Im Oktober flog ich dann ein weiteres Mal für eine knappe Woche auf die ‚grüne Insel', um den Pferdemarkt von Ballinasloe und die Aran-Inseln aus der Luft zu fotografieren.

Irlands vorherrschende Farben sind Grün, aber (das wird gern übersehen) auch Braun. Ob nun die Wicklow Mountains, die kargen Bergrücken der Halbinsel Beara oder die rotbraunen Hochmoore Connemaras. Für Abwechslung ist jedenfalls gesorgt.

Auch zum Wetter wollen wir nicht schweigen. Wenn die schwerfälligen atlantischen Tiefs, von Island kommend, Irland erreicht haben, ist mit dem Wettergott nicht mehr zu spaßen. Ein *Soft Day* ist noch leicht zu ertragen, auch zwei Regentage, aber eine Dauerregenwoche schlägt aufs Gemüt. Im Frühjahr zeigte sich uns Irland von seiner – wie ich meine – schönsten Seite: mit Stürmen, dramatischen Wolkenkulissen, die auch immer wieder die Sonne und einen tiefblauen Himmel durchblicken ließen. Im Sommer hatten wir ein Traumwetter für Urlauber: Hitze, Sonnenschein – für einen Fotografen, der stimmungsvolle Bilder für einen Bildband fotografieren will, war es ein Alptraum.

Im August 1989, nur drei Tage vor unserer geplanten Rückreise nach Deutschland, hielt uns Sturmstärke 9 unvorhergesehen auf *Skellig Michael* fest. Statt einer Nacht verbrachten wir fünf Nächte auf Irlands legendärer Mönchsinsel. Bis auf den Funkkontakt hatte uns der Atlantik in Sichtweite der Küste abgeschnitten von dieser Welt. Es war ein wunderschöner Zwangsaufenthalt – Zeit genug, nachzudenken: über Irland, über Zivilisation und Tourismus, und natürlich auch über sich selbst.

Wir möchten Sie mit diesem BilderLesebuch durch Irland führen – abseits der Hauptstraßen. Unser Bildband ist allerdings kein Reiseführer, und auch wir gewähren denjenigen keinen Ersatzanspruch, die ein flächendeckendes Irland erwarten. Touristenmagnete wie der Rock of Cashel, Blarney Castle, eine Bootstour auf dem Shannon, sie fehlen. Dafür führen wir Sie in entlegene Ecken Kerrys oder Donegals, in die Cottages vergessener Westküsten-Fiedler, auf Pferdemärkte, in stille Pubs und auf sturmumtoste Inseln. Viel Spaß!

Hannover, im Juli 1990

Karl Johaentges Jackie Blackwood

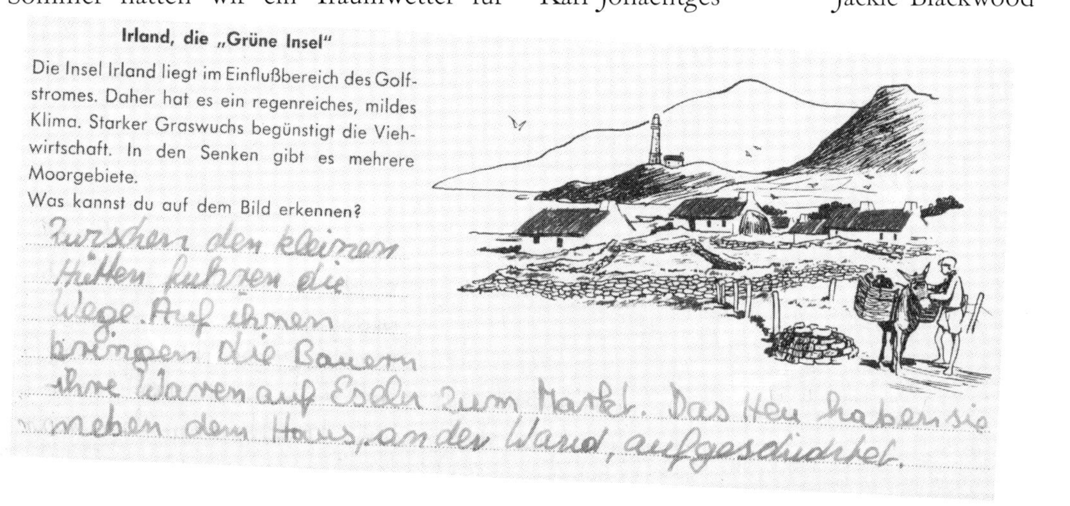

Irland, die „Grüne Insel"

Die Insel Irland liegt im Einflußbereich des Golfstromes. Daher hat es ein regenreiches, mildes Klima. Starker Graswuchs begünstigt die Viehwirtschaft. In den Senken gibt es mehrere Moorgebiete.

Was kannst du auf dem Bild erkennen?

Zwischen den kleinen Hütten fuhren die Wege. Auf ihnen bringen die Bauern ihre Waren auf Eseln zum Markt. Das Heu haben sie neben dem Haus, an der Wand, aufgeschichtet.

Ankunft in Eire

„Die Rosen auf den Saloontischen zitterten leicht und verloren gelegentlich ein paar Blütenblätter in den Salat. Dies und das Knacken von Mahagony waren die einzigen Fingerzeige, daß wir auf hoher See waren", so begann H.V. Morton 1930 sein *In Search of Ireland*.

Die ‚St.Kilian II', mit der wir die Reise nach Irland antreten, war damals noch nicht in Dienst gestellt. 2000 Passagiere und 112 ‚Mann' Besatzung faßt das Schiff, da sucht man unwillkürlich nach den Übersichtstafeln der Notausgänge und Rettungsboote. Auf den Tischen der Kantine beruhigen Plastikblumen in psychodelischem Gelb und Grün, das Teppichmuster ähnelt allerdings eher den nächtlichen Turbulenzen des Atlantik. Gegen Mitternacht werden die Bewegungen heftiger, und Karl bevorzugt die Waagerechte, statt die Reise mit etwas Literatur zu beginnen.

Rosslare – 17.30 Uhr, Mittwoch. Zoll. Ich warte auf einen irischen Wolfshund, der all die illegalen Milchprodukte, die Eifeler Bauernbrote, luftgetrockneten Salamiwürste und italienischen Chianti-Reserva-Flaschen in den versteckten Ecken unseres ausgebauten VW-Transporters aufspürt. Aber nicht einmal die Pässe werden kontrolliert, und auf einer Anhöhe hinter der Zollschranke zwinkert uns schon die erste Beton-Madonna zu.

Die erste Werbetafel (gleich hinter der Madonna) grüßt mit „Willkommen in Irland" und einem vielfach verspiegelten Guinness-Glas. Am Straßenrand begleiten uns reichlich „Fahr links!"-Schilder, und dem Gegenverkehr glaubt man die Angst vor dem rechtsfahrenden Mob vom Kontinent anzusehen.

Ankunft in Irland. *Eire* oder *Poblacht na h Eirann*, wie die Insel in gälischer Sprache heißt – ‚Westen'. Erin hieß auch die legendäre Stammutter der Iren. Der alte griechische Name war *Jerna*. Ptolemäus markierte 150 n. Chr. auf seinen Karten die Insel als *Iouerna*, das später in römischer Verfremdung zu *Iuverna* und bei Cäsar zu *Hiberna* wurde. Die Briten nannten die Insel *Iverdon*, die Sachsen *Jerland* oder später *Ireland*.

In einem Road House an der N 25 nach Norden gibt's auf Resopaltischen erschreckend teure Fish'n'Chips mit Erbsen und Essig. Dosenerbsen. Erbsen mit Pfeffer – das erinnert mich an eine Beschreibung von James Joyce in *Dubliners*. Einen Teller Erbsen mit Pfeffer für drei Halfpence hatte Lenane bestellt und war darüber hergefallen. Diese hier schmecken allerdings nur halb so gut wie im Buch.

Nach der ersten Stärkung biegen wir bald von der Hauptstraße ab und tauchen hinein in Wexfords verwinkelte Landgassen, eng und voller einäugiger Traktoren auf dem Weg nach Hause. Wir hatten gehofft, irgendwo am Straßenrand zu parken, aber es gibt keinen Straßenrand. Dort, wo der Asphaltbelag endet, unmittelbar hinter dem Drainagegraben, beginnen schon die endlosen Hecken Irlands, gelb blühender Stechginster und Fuchsien, die ‚Herzen Jesu'.

Nur wenige Kilometer von der Fähre, und wir sind in diesem Irland schon verloren. Im Gegensatz zu den Wikingern haben wir eine Straßenkarte und keine Entschuldigung. Allerdings, dieses Labyrinth hier gibt's nicht auf unserer Karte! Nach einem zehnminütigen Kreisverkehr entdecken wir im Dunkel eine Einheimische und fragen nach Kilmore Quay. „Sie fahren einfach hier hoch, so lange, bis sie zu einem weißen Haus kommen, dann biegen sie nach rechts ab, fahren so lange, bis sie zu zwei Pubs an einer Kreuzung kommen. Wieder rechts. Wenn Sie wieder einen Pub sehen, fahren Sie weiter, an der Kirche vorbei bis zum Pub von Kilmore Quay." Sie hatte recht. Wir passierten ein Haus, eine Kirche und vier Pubs, um wieder zum Meer zu gelangen.

Nun scheint es an der Zeit, unsere Ankunft mit einem ersten irischen *Stout* zu begießen – sozusagen als Training für die nächsten Monate. Der Pub ist leer. Es ist die Zeit der Sonnabend-Messe. Nur ein älterer Mann, den selbst ich (als schottische Australierin) kaum verstehen kann, hält die Stellung am Tresen.

Vor dem Ansturm der Frommen auf den Tempel des Alkohols fliehen wir zum *Folorn Point*. „Little windy", kommentiert der Alte den Wetterbericht der Abendnachrichten. Für die Südküste wird Sturmstärke 9 auf der Beaufort-Skala und die Unterbrechung des Fährbetriebs in der Irischen See angekündigt. Für uns wird es eine unruhige Nacht. Nicht nur wegen der Sturmböen, die an unserem gelben Bus rütteln, sondern vor allem, weil das Guinness gewaltig auf die Blase drückt.

Als die Wikinger im 7. Jahrhundert in Irland landeten, war die Insel in Hunderte kleiner Königreiche zersplittert – Familienverbänden, die im Schutz von Erdfestungen in kleinen Häusern aus Flechtwerk wohnten und von Viehzucht und ein wenig Ackerbau lebten. Städte gab es nicht. Die Kelten waren etwa 300 v. Chr. auf die Insel gekommen und blieben bis zur Christianisierung die führende kulturelle Kraft.

Aufgrund einer fehlenden Zentralmacht hatten die Kelten Eroberern wie den Wikingern nichts entgegenzusetzen. *The Danes* (noch heute als Schimpfwort für grobschlächtige Zeitgenossen benutzt), überfielen, da es keine Städte gab und sie kein Interesse an Land hatten, hauptsächlich die wohlhabenden Klöster und raubten, was sie mit Booten wegschleppen konnten. Stumme Zeugen dieser Zeit sind steinerne Rundtürme, deren Geschosse durch Zierfriese markiert werden. Spitztürme, deren Eingänge nur per Leiter zu erreichen waren und in die sich die Mönche mit ihren wertvollen goldgefaßten Bibeln bei drohender Gefahr zurückziehen konnten.

Die frühchristliche Kirche Irlands war eine asketisch ausgerichtete Mönchskirche, deren spirituelle Zentren Europa missionierten. Klöster in St. Gallen, in Würzburg oder im norditalienischen Bobbio sind irische Gründungen. Irland galt in jenen Jahrhunderten als Hort der Gelehrsamkeit im kriegszerrissenen Europa, weit entfernt vom Machtzentrum des Papstes. Allerdings wurden die irischen Christen (noch im 12. Jahrhundert) von Rom nicht als vollwertige Glaubensbrüder angesehen. Sie würden weder Kirchensteuer (den Zehnten) zahlen, noch beichten, noch mit dem Segen eines Priesters heiraten, klagte Bernhard von Clairveaux über die Iren, „die, obwohl dem Namen nach Christen, eigentlich Heiden waren". So brachten die Mönche auch die Sagengestalten der keltischen Mythen aufs Festland – Parsifal, König Arthus und den Druiden und Zauberer Merlin.

Um 840 n. Chr. begannen die Wikinger zum Schutz ihrer Schiffe mit dem Bau von befestigten Siedlungen entlang der Küste und gründeten so Städte wie Wexford, Wicklow, Waterford, Cork und Dublin. Als gute Touristin hatte ich natürlich schon über die Wikinger gelesen und daß sie sich 841 n. Chr. am Atha Cliath niedergelassen hatten. Dort, wo der Poddle den Liffey traf und einen schwarzen Tümpel bildete, eben *dubhlinn*. Diese Tatsache verwirrt, wenn man sich an das „Millenium" 1988, die Tausendjahrfeier der irischen Hauptstadt, erinnert. Genau gerechnet kam sie 147 Jahre zu spät. Aber nachdem Dublins ‚provinzieller' Rivale Cork sein 800jähriges gefeiert hatte, konnte man sich in Dublin nicht verkneifen, nachzulegen. Den Vorwand für die Fête und die zusätzlichen Pints lieferte eine Unterschrift auf einer Eselshaut, die Dublin 988 den Dänen tributpflichtig machte.

Dublin hatte in diesen ‚tausend' Jahren viele Namen. Schon lange vor der eigentlichen Gründung erwähnt Ptolemäus ein *Eblana*, ‚Stadt der Eblanier'. Die keltischen Bewohner nannten die Siedlung am Liffey *Drom-Col-Coille* oder ‚Hügel der Haselnußstauden'. Ein anderer Name war *Bally-Ath-Cliath-Dubliune*, was soviel wie ‚Stadt der Hürdenfurt am schwarzen Wasser' bedeutet. Der Heilige Kevin übersetzte dieses *Duibhlina* mit *Therma nigra* ins Lateinische: ‚Schwarze Quellen'. Offiziell heißt die Hauptstadt der Iren im gälischen Sprachgebrauch *Baile Atha Cliath*, was wie ‚bla kli' ausgesprochen wird.

Heute nähert man sich der irischen Hauptstadt, wie anderen Großstädten, über häßliche Autobahnen und Ringstraßen, um über kleine Kanalbrücken und Kreisverkehr in das Labyrinth von Einbahnstraßen vorzudringen, die das Zentrum umschließen. An Parkplätze ist nicht zu denken. Zur Vermeidung von Strafzetteln steigt man am besten gleich in einen der grünen Doppeldeckerbusse.

1842 konnte es sich William Makepeace Thackeray leisten, im *Shelbourne* zu übernachten. Aber *eight pence* für Vollpension waren damals eine Menge Geld. Wir woh-

nen im *Eagan's*, einem kleinen Hotel im nördlichen Vorort Glasnevin. Englisch aussehende Reihenhäuser aus rotem Ziegel, mit schmalen Vorgärten, bleiverglasten ‚Fan Lights' und die üblichen Requisiten einer Mittelklasse-Siedlung: Alarmanlagen, und vor den Türen die obligatorischen Milchflaschen.

St. Patricks Erben

Wir sind nicht ohne Grund zuerst nach Dublin gefahren. Am 17. März feiern die Iren den Todestag ihres Schutzpatrons: St. Patrick's Day in Dublin ist allerdings eine Enttäuschung und nur noch ein Abklatsch der Umzüge in Boston, Chikago und New York – zudem amerikanisiert von Zehntausenden eingeflogener Nachfahren irischer Auswanderer, die für ein paar Tage die Straßen und Festsäle füllen: ‚Marching Girls', gestiefelt und in kurzen wippenden Röcken, mit weiß geschminktem Lächeln, Bands aus Philadelphia, ganz in Grün und mit einer orangefarbenen Fahne mit Namenszug ihres Heimatdorfs. Die *Expatriates*, die Ausgewanderten, sind längst „irischer als die Iren" – *The American Connection*! Von 234 Millionen protestantischer und katholischer US-Amerikaner benennen 40 Millionen irische Vorfahren. Fast ein Dutzend amerikanische Präsidenten, u.a. Reagan, Kennedy und Nixon sind Enkel und Urenkel irischer Paddys. Auch der Autopapst Henry Ford war stolz auf seine irischen Wurzeln.

Es war nicht nur der Exodus nach der *Famine*, der großen Hungersnot, der die Iren aus dem Land getrieben hatte. Schon vor dem Beginn des 18. Jahrhunderts bis ca. 1820 wanderten mehr als eine halbe Million Iren in die Kolonie Amerika, bzw. die Vereinigten Staaten aus. Es waren meist Quäker und Presbyter auf der Flucht vor der dumpfen Unterdrückung durch die anglikanische Staatskirche.

Amerika ist noch heute ungebrochen das Traumland in dieser Republik mit 18,5% Arbeitslosigkeit. In den 60er Jahren hatte der wirtschaftliche Aufschwung und die Rückkehr vieler ‚Expatriates' zu einem kurzzeitigen Anstieg der Bevölkerung geführt. Aber mit dem Beginn der Rezession 1982 setzte auch eine neue Auswanderungswelle ein. Experten schätzen die Zahl der *Illegal Immigrants* in den USA zur Zeit auf 130.000. 1986 lag sie noch bei 60.000. Die *IIs* sind mittlerweile zu einem so großen Problem geworden, daß die amerikanische Einwanderungskontrolle nicht nur am Ankunftsflughafen, sondern seit 1986 auch schon auf dem Shannon-Airport sitzt.

Zurück zum *St. Patrick's Day* in Dublin, dessen Festwagen uns alles andere als heilig erscheinen. Meist sind es gesponserte, phantasielose Werbegespanne: Guinness mit schwarzen und goldenen Ballons, das neueste Renault-Modell gleitet vorüber, gefolgt von einer Friedensgruppe. Eine Versicherungsgesellschaft hat gleich sieben Festwagen auf die Straße gebracht – aber nicht ein einziges Kreuz weit und breit. Obwohl es doch um Patrick geht, den Heiligen, der die Schlangen aus Irland vertrieben und die ‚heidnischen' Druiden mit einem Kleeblatt (*Shamrock*) zur Dreifaltigkeit des Christentums bekehrt haben soll.

Über *Padraighs* Herkunft gibt es keine gesicherte Quelle. Eine Randbemerkung, er sei aus seinem Vaterhaus im Dörfchen Banaventa Bernia geraubt worden, hatte allerdings zur Folge, daß ihn auch die Schotten, Franzosen, Engländer, ja selbst die Spanier für sich beanspruchen. Als sicher gilt nur, daß er im Kindesalter als Sklave nach Irland verschleppt worden war. Er floh auf den Kontinent, studierte in Gallien und kehrte als Missionar nach Irland zurück. Patrick lehrte nicht in Latein, sondern in Gälisch und verstand es ausgezeichnet, die keltischen Kulte mit der Heilslehre des Christentums zu verknüpfen. Als er 461 starb, hatte er die Iren innerhalb von 30 Jahren, nachhaltig bis in die tiefsten Wurzeln und bis in die ‚gottlose' Neuzeit hinein, missioniert. Und Patrick, Padraic oder Phadraig sind auch heute (noch) populäre Namen. Nur im Ausland hören die Iren *Paddy* nicht gerne – dort ist es so geringschätzig gemeint wie ‚Deutscher Michel' oder ‚Kraut'.

Nun ist auf der Patricks-Parade nur noch das Kleeblatt übriggeblieben. Neben den amerikanischen *Expatriates* prägen vor allem die Schulkinder das patriotische Bild. Ihre Haare sind in den Nationalfarben gesprayt – das Gesicht als Nationalflagge. Skinheads und selbst die Punks haben ihre Kahlschädel und Haarsträhnen in Farbe getaucht: *Grün-Weiß-Orange*. Die Nationalfarben der Iren, Farben der Versöhnung. Nach dem Osteraufstand 1916 verdrängten sie die offizielle Harfe auf grünem Grund und 1922 wurden sie von der neugegründeten Republik als Staatsflagge zum Symbol der Versöhnung erhoben. Grün, die Farbe der katholischen Kelten, Orange, die Couleur der protestantischen Orangisten des Nordens (benannt nach William of Orange bzw. Wilhelm von Oranien). Das Weiß zwischen dem Grün und dem Orange symbolisiert die Friedensfahne zwischen den beiden Glaubensgemeinschaften. In der Geschichte reichte es jedoch nur zum zeitweiligen Waffenstillstand und geriet eher nach der martialischen (und selten gesungenen) Nationalhymne, dem „Lied des Soldaten".

Der Festumzug endet in der *O'Connell Street*, dem einstigen Flanierboulevard Dublins, der heute von Fastfood-Ketten und Kinos überrannt worden ist. Nicht zufällig steht die Ehrentribüne der Stadthonoratioren vor der Hauptpost. Dublins *General Post Office* ist eines der Postämter, das man auch ohne unfrankierte Postkarten aufsuchen kann. 1916 wurde in diesem klassizistischen Monumentalbau Geschichte gestempelt. Hier verlas Padraic Pearse während des Osteraufstandes die *Proclamation of Independence* und über dem ionischen Portikus wehte für wenige Tage die Fahne der Republik.

Jener Osteraufstand endete als Desaster und erzählt vielleicht ein wenig von der irischen Mentalität, dem Ungeschick oder auch Mißgeschick, Revolutionen zu planen. Es ging eigentlich alles schief. Niemand wußte so recht, wann und wo es losgehen sollte. Die Schiffsladung mit 20.000 deutschen Gewehren zur Unterstützung des Aufstandes landete zur falschen Zeit am falschen Ort und endete auf dem Hafengrund von Tralee. Lenin spottete einmal über die Deutschen, sie würden sich, wenn die Revolution auf dem Bahnsteig stattfände, auch noch eine Bahnsteigkarte kaufen. Hätte er mehr über die Iren gewußt, hätte er ihnen vielleicht geraten, sich vorher die passenden Landkarten zu besorgen.

Die Erhebung war ursprünglich für Ostersonntag geplant, dann aber in letzter Minute auf Ostermontag verschoben worden. Die Zahl der verfügbaren Männer, die strategische Punkte der Stadt halten sollten, umfaßte statt der erwarteten 3.000 nun gerade noch 1.500. Vielleicht lag es mit an der Wettleidenschaft der Iren. Denn Ostermontag war Renntag. „Die Männer, die schon ganz aufgedreht waren, entspannten wieder. Einige waren schon weggegangen. Ein paar wenige hatten vor Abscheu sogar ihre Uniformen zerstört", berichtet Iris Murdoch in ‚The Red and the Green'. „Es herrschte eine Atmosphäre von Entspanntheit, Enttäuschung und Unverantwortlichkeit. Montag war der Tag der ‚Fairy House Races', des *Irish Grand National*."

Die Führer des glücklosen Aufstandes ergaben sich nach einer Woche und wur-

den im Kilmainham Gefängnis (heute ein Museum) eingekerkert, erschossen. Der Osteraufstand, obwohl als Niederlage ‚abgestempelt', wurde jedoch zum Beginn einer neuen Ära. Die Hinrichtungen und die Brutalität der Briten schürten tiefsitzende antibritische Gefühle, weckten den Widerstand und wurden so zum Geburtshelfer der Republik. Die 1905 gegründete IRA, der militärische Arm der *Sinn Fein* (‚Wir selbst') begann ihre Karriere mit der Niederlage in der durch Postsäcke (statt Sandsäcken) verbarrikadierten Hauptpost. In *Borstal Boy* beschreibt Brendan Behan in der ihm eigenen rauhen Insider-Sprache, daß seine Aufgabe im Gefängnis darin bestand, Postsäcke ‚Ihrer Majestät der Königin' zu nähen, „four stitches to the inch".

Nach der Parade zu Ehren des Schlangenvertreibers bilden sich lange Schlangen vor den Pubs, vor McDonald's oder Bewley's Cafe, wo grüne Pepsi, Shamrock-Shakes und giftgrünes Bier verkauft werden. Profi-Zapfer zeichnen mit geübtem Schwung auch noch einen Shamrock (Klee) in den sahnigen Schaum eines schwarzen Stout.

Es wird erstaunlich wenig gesoffen, jedenfalls ist auf der Straße kaum Alkohol zu sehen – kein Vergleich mit dem Alkoholkonsum eines rheinischen Karnevals. Vielleicht liegt es an der Tradition, daß in früheren Jahren die Pubs am Feiertag des heiligen Patrick verriegelt waren. Nur die Bar der *National Dog Show* war geöffnet und lockte Tausende von ‚Hundefreunden', die sich mit einem Tag Abstinenz nicht abfinden wollten.

Womit wir beim Alkohol angelangt wären, einem Thema, das in Irland einfach nicht zu umgehen ist. Seit jeher sind die Iren als notorische Säufer verschrien. Die Vermutung, daß die Ursache des Alkoholismus in Armut und Hoffnungslosigkeit zu suchen ist, leuchtet ein. Während den Engländern die ‚Besessenheit' der Iren nach *Potheen* (Fusel) immer als Grund ihres kolonialen Herrschaftsanspruchs diente, wurde diese Trinkfreudigkeit in der deutschen Literatur meist als positive Eigenschaft verklärt. Das Bild des liebenswerten Säufers und die allzu simple Gleichung: Pub = Alkohol = Kommunikation.

Dublins Image: Literatur + Pubs

Eine übliche Pub-Frage an den Fremden lautet: „Wieviel kostet ein *Pint* bei Euch?"

Alkohol ist teuer in Irland. Statistisch, und gemessen am Konsum von reinem Alkohol, liegt Irland weit hinter solch klassischen Bierländern wie der CSFR, Belgien oder Deutschland oder Weinländern wie Italien. Aufschlußreicher ist die bedrückende Proportion, daß die Iren zwischen einem Achtel und einem Zehntel ihres Einkommens in Form von Whiskey oder Stout die Kehlen runterschütten. 3,5 Millionen Pfund täglich. Ein statistischer Mittelwert, der zudem durch die Tatsache verwässert wird, daß über ein Sechstel der Bevölkerung strikte Abstinenzler sind.

Das *Stout* (stout = stark) gilt als Irlands Grundnahrungsmittel mit dem ‚weißen Kragen', das so getrunken wird, wie es gezapft wird: langsam und bedächtig. Hopfen liefert den bitteren Geschmack, Röstgerste und (Liffeywasser?) den Farbton, und die Hefe sorgt für die Schaumkrone. Gemischt mit einem Whiskey wird ein *Chaser* daraus. *Black Velvet*, schwarzer Samt, nennen Kenner die Halbe-Halbe-Mischung mit Sekt. Getrunken wird selten zu Hause, sondern fast ausschließlich im Pub. Ob nun zwischen stillosen Resopalmöbeln, plastikbezogenen Barhockern und mit Sägespänen bestreuten Betonfußböden oder in den gestylten Säuferparadiesen mit chrom- und messingblitzenden Zapfhähnen, Stuckdecken und geschnitzten Holzvertäfelungen. Der Pub ist eine Institution wie das Bistro oder Café in Frankreich, ‚Wohnzimmer' und ‚Nabel' der Nation. 12.000 soll es in Irland geben, 1000 in Dublin.

„Nirgendwo sieht man so viele elende Gestalten, trinkende Männer und Weiber", schrieb schon 1877 der Breslauer Geologieprofessor Arnold von Lasaulx in seinen Reiseskizzen „Aus Irland". Und „... ist es nicht eine Ironie und ein bemerkenswerter Beitrag der Statistik des Consums (von Alkohol), dass die beiden hervorragenden katholischen Kirchen, die alte Christ Church und die St. Patricks Kathedrale mit einem Aufwand von 200 000 bzw. 120 000 Pfund durch Branntweinbrenner und Bierbrauer restauriert wurden?"

Die Rede ist hier auch vom Biergiganten *Guinness*. Während in Cork Millionen von Litern *Murphy's* Stout samtweich die Kehlen hinunterrinnen, läßt sich in Dublin der Alkoholriese Guinness das Heft nicht aus der Hand nehmen. Wie kaum eine andere Firma ist Guinness mit dem Image des Inselstaates verwoben. 1759 hatte Arthur Guinness eine kleine, ungenutzte Brauerei gekauft, um dort ein Bier zu produzieren, das bei den Trägern von Londons Covent Garden-Market, den ‚Porters', besonders beliebt war. Damals kamen die mächtigen Seedampfer und Handelsschiffe den Liffey hinauf und ankerten mitten in der Stadt, an den Treppenstufen des monumentalen Zollhauses, dem Custom House. 1914 war die James Gate-Brauerei am „sniffy Liffey" die größte der Welt. „Guinness is good for you" verspricht die Werbung seit einem Jahrhundert von einem Produkt, das heute zu 40% exportiert wird.

Literatur und Alkohol liegen in Dublin eng beisammen – so will es das Image. „Realität ist eine Illusion, die durch Mangel an Alkohol entsteht", läßt SPIEGEL-Redakteur Henry Glass in seiner sprachgewaltigen Glosse zum Dubliner *Millenium* („Weltquell des gelebten Wahnsinns") einen dieser „zahllosen trinkenden Schriftsteller (oder umgekehrt?)" sagen. Kein Wunder, daß zwei berühmte Touristenziele Dublins häufig verwechselt werden: Die *Long Hall* ist ein Pub, der *Long Room* eine Bibliothek. Um nun die Stadt der Pubs mit der Stadt der Dichter und Bücher zu verbinden, ist ein *Literary Pub Crawl*, eine ‚literarische Kneipentour', unumgänglich und steht auch bei deutschen Dublin-Besuchern hoch im Kurs.

Die *Long Hall* in der South Great Georges Street war einst Abfahrtplatz der Kutschen in Richtung Rathmine. Seit der Schlacht von Waterloo gibt es dort eine Bar, die ‚Long Hall' wurde allerdings erst 1880 gebaut. Die *Palace Bar* mit einem Portrait von Patrick Kavanagh war lange Jahre die Kneipe der Zeitungsleute. In *McDaid's* in der Harry Street 3 verkehrten Kavanagh, O'Nolan und auch Brendan Behan, der sich mit der geliehenen Schreibmaschine exhibitionistisch selbst an die Bar setzte.

Die literarischen Helden selbst ließen diese Stadt meist enttäuscht hinter sich, lebten und starben im Exil ohne Hoffnung. Unter dem „Free State Government" waren mehr als 10.000 Autoren verboten, eine Zensurliste, die sich heute wie ein Literaturführer liest: George Bernard Shaw, Samuel Bekkett, William Butler Yeats, James Joyce, Sean O'Casey, Oscar Wilde, die berühmten Dichtersöhne des „Schwarzen Pfuhls". Sie alle entflohen dem katholischen Muff, der verklemmten Sexualmoral und der bornierten Zensur der jungen Republik.

Mulligan's, *Abbey Mooney's*, *Nesbitt's*, der ‚literarische Zug durch die Gemeinde' unserer knapp 20 Köpfe starken Touristengruppe wird schließlich sprichwörtlich zur ‚Kneipen-bekriechung'. Wir mischen uns zwischen die Stammgäste. Unversehens lösen sich aus den Aposteln des ‚schwarzen Samts' literaturerprobte Gestalten und rezitieren jene, die hier geschrieben und gesoffen haben. Nun schleppen wir uns von Pub zu Pub, um für ein paar Minuten in ihre Fußstapfen zu treten, unter ihren Portraits ein Bier zu trinken oder an ihre *Georgian Doors* zu klopfen. Eigentlich muß man einen Pub zweimal besuchen, einmal am Abend, um all die Typen zu treffen, die sich dort „Zeit ihrer Leber" (Henry Glass) vollaufen lassen. Und ein zweites Mal am Tag, um zu sehen, wo man war: die Bar, die endlosen Reihen polierter Zapfhähne, schwarzer Barhocker und verräucherter Dichter-Portraits.

„Meet me under Mooney's clock!", diese beliebte Verabredung hat ihren Sinn verloren seit *Mooney's* in Lower Abbey Street, einst beliebter Hang-out von Samuel Beckett, in schnöde Bürofläche verwandelt wurde. Und wäre das Haus *Eccle Street* Nummer 7 nicht abgerissen, wäre es sicher *das* Literaturmuseum in Dublin. Hier im Norden Dublins, in Summerhill, lebten Molly Bloom und Leopold – irischer Jude von elf Stone und 4 Pfund Gewicht, den Joyce in seinem Mammutwerk *Ulysses* am 16. Juni 1904 volle 24 Stunden durch die Straßen Dublins irren läßt. Ohne Punkt und Komma – ein Stil, den James Joyce vermutlich den Briefen seiner Lebensgefährtin Nora abgeguckt hatte.

Mittlerweile sind die letzten sechs unseres Pub Crawl-Teams stark angeschlagen in *Toner's Victorian Bar* in Lower Baggot Street angelangt. Sie rühmt sich, als einzige Bar W. B. Yeats bedient zu haben. Yeats bevorzugte die Unterhaltung im kleinen Kreis und verschmähte das Unpersönliche der Kneipen und die Lautstärke ihrer Angeber. Als ihn einmal jemand überredete, einen Pub in der Nähe seines Hauses am Merrion Square zu besuchen, bestellte er einen Sherry, zog sich in den ‚Snug' (die ‚Einzelsäuferkoje' ohne Decor und Ambiente) zurück und soll pathetisch verkündet haben: „Nun habe ich einen Pub gesehen, würden Sie mich freundlicherweise nach Hause bringen."

Im *Nesbitt's* in der Lower Baggot Street ereilt uns schließlich der unter Dauergästen gefürchtete Ruf „Last Round, Gentlemen!" (An die Ladies ist nicht gedacht). Ein Taxi zum Hotel, der Kater ist fürchterlich.

Schluß mit dem Alkohol, den Pubs! Wir sind ohnehin keine Freunde nächtlichen Kneipenlebens, diesem rituellen Hin- und Hergeschiebe, dicht an dicht, ohne das Wort des Gegenüber zu verstehen. Mich lockt eher ein *Bewley's Café*, als all diese nach Rauch, kalter Asche und verschüttetem Porter riechenden Säufermuseen. Ich bevorzuge einen *Tea for Two*, ein *Fruit Scone* (Rosinenbrötchen) mit Butter auf Marmortischen. Inmitten der ‚Dauerwellen-Brigade' plastiktaschenbeladener Mütter auf Samtsofas, zwischen Mänteln und Kindern, gegenüber vielleicht ein Beamter im Anzug, dessen *Irish Times* ich mitstudieren kann. Der Tee ist beutellos und stark und kommt in rundlichen, unzerbrechlich scheinenden Teekannen.

Nach der *Long Hall* nun der *Long Room* im Trinity College. Elizabeth I. gründete das College, um die Studenten, die zum Studium ins katholisch-europäische Ausland strebten, vor der ‚Infizierung' durch das Papsttum zu bewahren. Zwar sind heute die meisten der 7000 Studenten katholisch, doch bis in die 1960er Jahre war den Katholiken das Studium hier untersagt – zuletzt vom katholischen Klerus, der eine Ansteckung durch das ‚Luthertum' des Lehrkörpers fürchtete. James Joyce beschrieb das Trinity als ein „langweiliges Gemäuer in einem Land der Ignoranz".

Die blaue Uhr über dem Tor zum Trinity College zeigt immer zehn nach vier. Examenskandidaten tauschen in Panik letzte Infos, langhaarige Studenten verkaufen indische Seidenschals oder gar Riesenposter eines Lüstlings, der sich (dem Betrachter durch einen Mantel verborgen) einer Gruppe EG-gescheckter Milchkühe offenbart. Und Straßenmaler kreiden je nach Laune Jesus oder Joyce.

Es wimmelt von Amerikanern – oder sind es ‚Expatriates', die nach *the book* fragen. Die Universität beherbergt das *Book of Kells*, gewissermaßen die ‚irischen Kronjuwelen'. Bis zu 2000 Besucher drängeln sich täglich durch die ehrwürdige, eichenholzgewölbte Bibliothekshalle im Obergeschoß. Von den vier Bänden der Bibel der Kelten, mit Gallensud auf Kalbsleder geschriebene Meisterwerke, werden jeweils zwei Bände unter höchsten Sicherheitsvorkehrungen ausgestellt. „Hier wagst du nicht einmal das *Book of Kells* in den Mund zu nehmen", flüstert uns Joe, der Oberbibliothekar zu, „haben Sie bemerkt, daß die infrarotgesteuerten Leihtonbandgeräte das Buch schon erklären, bevor man es überhaupt zu sehen bekommt. Das reduziert den Stau dort."

Nach der Lektüre von Umberto Ecos „Der Name der Rose" betrachte ich Pergament, Tinte, Mönche und Kerzen in einem neuem Licht. Aber es bleibt keine Zeit, sich in diese ornamentale Welt von keltischen Spiralen, diesem orgastischen Gewirr aus von Beinen und geflügelten Tieren verwobenen Knoten, wie in einen ‚Whirlpool' von spiraligen Phantasien ziehen zu lassen.

Die Herkunft der Bibeln ist ebensowenig gesichert wie die der kleinen, rundlichen Harfe in einer Ecke des Saales, die einst dem Bezwinger der Wikinger, Brian Boru, gehört haben soll. Einige Experten behaupten sogar, die Bibelkopie aus dem 9. Jahrhundert sei in Iona (Schottland) geschrieben und später gestohlen worden. Aber glücklicherweise war der Dieb jener Zeiten kein Mann des Wortes, er stahl das Buch wegen seiner goldenen Schatulle.

Das gewölbte Mittelschiff der Bibliothek erscheint mir wie ein Schlüsselloch. Auch im übertragenen Sinn späht man hier wie durch eine winzige Öffnung in eine gigantische Büchersammlung. Seit 1801 ist der ‚Long Room' eine Copyright-Bibliothek, d.h., jährlich müssen eine halbe Meile Bücherregale gebaut werden, um die 50.000 Neuerscheinungen fassen zu können.

Auch die Nationalbibliothek in der Kildare Street besitzt wichtige Büchersammlungen, aber sie ist weniger ein Museum als eine häufig genutzte Nachschlag-Bibliothek, in der die Iren Ahnenforschung betreiben. Erst nachdem man an der Garderobe Schirm, Tagesrucksack und Regenmantel abgegeben hat, darf man den ‚Renaissance'-Lesesaal im Obergeschoß betreten. Abgesehen vom gelegentlichen Knarren der Holzdielen und dem Quietschen von Kreppsohlen herrscht absolute Ruhe. Am Ausgabetresen werden Fragen und Antworten nur gemurmelt und nach ein paar Minuten hat man sich auch an die ungewohnte Geruchsmischung von Bohnerwachs und dem Muff verstaubter Bücher gewöhnt.

Die Amerikanerin am Nebenpult sucht im Schein grüner Tischlampen nach ihren irischen Wurzeln. Seit Stunden durchforscht sie die Urkunden des Geburtsorts ihrer Großmutter, schleppt drei-Kilo-schwere Kataloge heran, blättert nervös in von zahllosen Daumen abgegriffenen Urkunden-Büchern von Grafschaften und Provinzen. Auch die Tageszeitungen auf ‚micro-fiche' scheinen ihr nicht ergiebig: „Die einzige Harris in der Gemeinde war die Äbtin des Klosters – sieht nicht gut aus! Oder?" lacht sie mit verschmitzter Verzweiflung über ihre Brillenränder. Aber vielleicht hat sie nicht das richtige Buch erwischt. 70% der Manuskripte, so klagen die Angestellten, sind wegen Personalmangels nicht ordentlich katalogisiert.

Reise nach Süden

Verläßt man Dublin auf der N 7 in Richtung Süden, stößt man unwillkürlich auf eine weitere Leidenschaft der Iren: Pferde. Zwischen Naas und Kildare warnen Verkehrsschilder vor kreuzenden Reitpferden. Vormittags stoppt ein Lotse mit unübersehbarer Warnkelle den Fluß der Sattelschlepper und Pkws, um nervös trippelnde Rennpferde und ihre Jockeys sicher von den Reitställen eines Dermot Weld oder Scheich Mohammed Maktoum über die stark befahrene Nationalstraße auf die weitläufigen Weiden des einst britischen Curragh Military Camps zu geleiten. Grafschaft Kildare, das Mekka der Pferdezüchter in Irland. Warum irische Pferdezucht so erfolgreich ist, kann ich nur vermuten. Ich habe von dem feuchten, milden Klima gelesen, den fruchtbaren mineralhaltigen Kalksteinebenen des Curragh, welche den kräftigen Knochenbau begünstigen sollen.

An über 270 Renntagen im Jahr setzen die Iren auf den 28 Rennbahnen Vermögen auf Namen wie *Ever Ready*, *Phantom Breeze* und *Old Vic*. Iren sind Pferdenarren, aber nicht nur aus Wettleidenschaft. Auf jeden dritten Iren kommt ein Pferd, und die *Ballinasloe Horse Fair* im Oktober gilt seit dem Mittelalter als größter Pferdemarkt Europas. Welche Erniedrigung muß es gewesen sein, als die Engländer ihnen den Besitz von Pferden mit mehr als 5 Pfund Wert verboten. Im 19. Jahrhundert wurden sogar die verbliebenen Pferde gegen Esel ausgetauscht, um die englische Armee in den Napoleonischen Kriegen mit Kavallerie- und Packpferden zu versorgen. Heute ist Pferdezucht in Irland ‚Big Business', in dem auch der Aga Khan, einige Scheichs, Amerikaner und Japaner mitmischen. Es geht um astronomische Summen. Für den vor einigen Jahren auf rätselhafte Weise verschwundenen Hengst *Shergar* zahlte die Versicherung Lloyds 24 Millionen DM.

Das erste, was wir im Empfangsgebäude des Staatsgestüts *Tully House National Stud* in die Hand gedrückt bekommen, ist ein Katalog: mit Daten millionenschwerer Hengste, ihrem Stammbaum, ihren Siegen und Einnahmen. Wir werden als Kunden eingeordnet, die ein *date* mit einigen der besten Heißblüter der Welt buchen möchten. Einige der Hengste bringen es in einer Decksaison auf weit über 3 Millionen DM Deckgebühren. Das Wissen um die Preise im ‚Sun-Charriot-Yard' läßt uns andächtig schaudernd in die Boxen trächtiger Stuten blicken. 11.000 Pfund und mehr sind für die Zeugung eines Nachkommen von *Flash of Steel* zu zahlen. Der Vertrag gilt als erfüllt, wenn das Fohlen die ersten 24 Stunden stehend überlebt.

Östlich des Curragh liegen – im Dunst kaum zu erkennen – die Wicklow Mountains. Hochmoore, Wälder, Wildnis – unmittelbar vor der Haustür der Hauptstadt und darum beliebtes Wochenendziel der Dubliner. Schon um die Jahrhundertwende beschrieb sie John M. Synge leidenschaftlich und verliebt: „Straßen, auf denen kaum jemand langfährt, halte Ausschau nach endlosen Bändern von Heidekraut. In jeder Jahreszeit fällt oft und schwer der Regen, manchmal eine ganze Woche, Strohdächer triefen vor Wasser von der Farbe verblichener Kastanien, und der Fußboden der Hütte scheint sich in den Zustand des nahen Moores zurückzuverwandeln. All die Lärchen, die überlebt haben, biegen und verdrehen sich in die Richtung, wo im Juni die Sonne aufgeht. Bei Sonnenaufgang erglüht ein Morgen von fast übernatürlichem Leuchten, und

selbst die ältesten Männer und Frauen kommen heraus, mit der Freude von Kindern, die vom Fieber genesen sind. Abends regnet es wieder."

Dort, wo der Liffey noch ein Bach ist, führt eine schmale Straße hinauf zur *Sally Gap*, auf der sich einsam zwei Straßen kreuzen, und wieder hinunter, am Lough Tay vorüber, ins Tal von Glendalough. ‚Tal der zwei Seen'. Es ist eine jener verzauberten Morgenstunden, als wir aus dem Schlafsack kriechen. Die Sonne hat sich noch nicht in das tief eingeschnittene Tal hineingetastet. Taunasses Gras zwischen den schiefen Grabsteinen, die den berühmten Rundturm umgeben, wabernder Nebel über einem tiefschwarzen See. Um diese Uhrzeit ist es noch friedlich, die Parkplätze noch leer. Wenn die ersten Reisebusse von Powerscourt und Dublin herüberkommen, ist es mit dem Frieden vorbei.

St. Kevin, einer jener sagenumwobenen Heiligen Irlands, soll diesen Ort mit seinem schiefen Rundturm und den der Legende nach ‚sieben Kirchen' im 6. Jahrhundert gegründet haben. Bis zur Unterdrückung 1862 war er wichtiger Wallfahrtsort. Die steilen Felsen des Tales, die grünen Ruinen, die Hochkreuze und der Rundturm aus schwarzem Schiefer, lieferten den Stoff für Irlands schönste, tragischste und verwunschenste Gedichte und Balladen. Eine Liebesgeschichte vom heiligen Kevin, der in eine Felshöhle floh, um seine Liebe zur schönen Kathleen zu unterdrücken. Oder anders herum: um den Versuchungen des Weibes zu entgehen – je nach Standpunkt. Die hübsche Kathleen, so erzählt die Legende, fand den geplagten Mönch schlafend in seiner Höhle und beugte sich liebevoll über ihn. Als dieser erwachte, stieß er die Verliebte in ‚göttlicher' Verblendung – in der Annahme, es sei der Teufel – hinterrücks den Felsen hinab in den See.

Zurück zur N 7, Port Laoise, ein unscheinbares Städtchen, wäre da nicht diese stacheldrahtbewehrte Festung, gleich unmittelbar neben der Straße. Anhalten verboten. Dies ist Irlands Hochsicherheitsknast für IRA-Häftlinge. In Port Laoise hat man die Qual der Wahl, nach Westen in Richtung Limerick

Hurling ist der schnellste Teamsport nach Eishockey (Ball s.o.)

oder nach Süden zu fahren. Uns zieht es nach Süden. Abbeyleix, wo wir in einem wunderbaren alten Pub und Krämerladen einkehren: *Morrissey's*. Weiter nach Kilkenny. Die Stadt am Fluß Nore war im Mittelalter mächtige Parlamentsstadt der Anglo-Iren. Heute ist Kilkenny vor allem berühmt für zwei schnelle Leidenschaften: Windhunde und Hurling.

Hurling gilt als der schnellste Teamsport nach Eishockey. Wie beim *Gaelic Football* kämpfen 15 Spieler pro Seite, die sich mit abgeflachten Stöcken um einen apfelgroßen Ball schlagen. Ihre besondere Spielleidenschaft versuchen Hurling-Fanatiker mit allerlei anschaulichen Vergleichen zu rechtfertigen: „Hurling ist ein Spiel für Klavier-Stimmer, Gaelic Football ein Spiel für Klavier-Packer." Oder noch schöner: „Beim Fußball kickt man den Ball, beim Hurling den anderen Spieler, wenn man den Ball nicht erwischt. Beim Gaelic Football kickt man den Ball, falls man den anderen Spieler nicht erwischt."

Weiter nach Süden: Tipperary, Irlands ‚typischste' und auch ‚verschrieenste' Grafschaft. Der „Tipperary hanging man", der ‚Galgenstrick' aus Tipperary, war lange sprichwörtlich. „Gerade Grobheit, nicht ohne Gutmütigkeit, Hang zur Verschwörung und Widersätzlichkeit" schrieb ihnen der deutsche Geologe Lasaulx 1877 zu. Hier sind die Weiden am fettesten, die Böden am schwersten, die Ernten am besten.

Seit der Zeit der Hochkönige ist Irland in vier Provinzen unterteilt: Leinster im Osten, Munster im Südwesten, Connaught im Westen und Ulster im Norden. Auf der Bergstrecke *The Vee* durch die Knockmealdown-Mountains haben wir nun die Grenze zwischen Tipperary und Waterford, und damit auch die Provinz Leinster, hinter uns gelassen. Auf dem Weg nach Süden ‚haken' wir noch schnell ein paar touristische ‚Highlights' ab: den *Rock of Cashel*, das Kloster auf dem *Mount Melleray* und das Küstenstädtchen Ardmore mit Irlands am besten erhaltenem, 29 Meter hohem Rundturm. Natürlich auch Lismore am vielgerühmten *Blackwater* River.

An der Mündung des Blackwater liegt Youghal. Dauerregen. Auf dem Parkplatz am Flußufer reihen sich geschlossene Fish'n'-Chips-Wagen, als würden sie auf das Walter-Raleigh-Potato-Festival warten. Sir Walter Raleigh, der 1585 in Virginia Englands erste amerikanische Kolonie gründete, eilt der Ruf voraus, er habe 1586 in seinem Garten die ersten Kartoffeln Irlands gepflanzt.

Ursprünglich nur als exotisches Gericht gedacht, entwickelte sich das Nachtschattengewächs aus Südamerika zum Grundnahrungsmittel der Iren: gekocht, als Püree, Pommes frites oder in der Suppe. Die Kartoffel war in Irland auch noch in diesem Jahrhundert *die* Diät. Erwachsene Bauern würgten zwischen 8 bis 14 Pfund täglich (!) hinunter, und noch heute wird die Kartoffel in Irland so geschlungen, wie es die Chinesen mit dem Reis tun – ein Relikt aus Notzeiten. Im statistischen Jahresdurchschnitt vertilgen die Iren im EG-Zeitalter immerhin noch 126 Kilo Kartoffeln, die Deutschen 78 Kilo und die Amerikaner nur 22 Kilo.

Irland wurde sehr rasch von der Kartoffel regelrecht abhängig. Dies war der Auslöser der späteren katastrophalen Hungersnöte. Deren eigentliche Ursache liegen allerdings weiter zurück und hat verschiedene Wurzeln. Die koloniale Politik der „Lichtungen" hatte zahllose Pächter aus dem Osten in den unfruchtbaren Westen getrieben. Die Engländer betrachteten Irland als ihre Rinderfarm und erzwangen die Umwandlung riesiger Ackerflächen in Weideland. Im 18. Jahrhundert hatte sich die Bevölkerung verdoppelt und das Agrarland war aufgrund der ins äußerste Extrem getriebenen Erbteilung zu solch winzige Partien zerstückelt, daß es wirklich nichts mehr zu teilen gab.

Die Kartoffel erschien als gottgesandter Retter in der Not. Sie wuchs überall, selbst in schlechten, nassen, steinigen Böden und auf abschüssigem Gelände. „Lazy beds", erhöhte Furchen, mit Seetang gedüngt, brachten ausreichende Erträge und erlaubten bei dieser Diät mehr Bewohner pro Hektar – bis zur Kartoffelfäule, die zwischen 1845 und 1848 mehrere Ernten vernichtete.

Während der großen Hungersnot 1845-48 starben über eine Million Menschen, eineinhalb Millionen flohen vor dem Hungertod nach Übersee. Den Landlords, die abgeschirmt im Luxus ihrer Herrenhäuser lebten, war das, was um sie herum geschah, gleichgültig. Objektiv betrachtet gab es in Irland nicht einmal einen Mangel an Lebensmitteln. Die Engländer exportierten während der Hungersnot sogar massenhaft Fleisch und Getreide ins Mutterland, als sei nichts geschehen. Aber die Bauern hatten nur ihre Kartoffeln.

Als ich zum ersten Mal die Zahlen des irischen Exodus las, konnte ich diese Gleichgültigkeit kaum fassen. Aber die Geschichte liest sich beim genauen Hinsehen wie ein Spiegelbild unserer heutigen Welt. Irland war im letzten Jahrhundert das Armenhaus Europas, die „Dritte Welt" sozusagen, der wir als Mitteleuropäer genauso mitleidlos gegenüberstehen, wie damals die Engländer den Iren. Heute verhungern Millionen von Menschen, sogar unmittelbar vor unseren Augen – in der *Tagesschau*, nur wenige Boeing-Stunden von unserem Mittagstisch und überquellenden Mülltonnen entfernt. Auch wir importieren Getreide als Mastfutter aus ärmsten Ländern, deren Bevölkerung sich schlechter ernährt als unsere Haustiere.

Die *Famine* zwang die Menschen auf sogenannte ‚Sargschiffe' in Richtung Amerika. Damals wurde am Vorabend jedes herzzerreißenden Abschieds eine *American Wake* zum Alltag. ‚Wake' bedeutet Beerdigung, in diesem Fall war es eine wilde Abschiedsfete, mit viel Alkohol, Tanz, melancholischen Balladen und Tränen ohne Ende. Denn es war meist ein Abschied auf Nimmerwiedersehen von diesen *boat people* der irischen Geschichte. Oft waren es völlig heruntergekommene Segler, ‚schwimmende Särge', die nicht selten schon in Sichtweite des Hafens sanken. Von 1820 bis 1920 verließen 4 1/2 Millionen Iren ihre Heimat, die meisten über den malerischen Hafen von Cobh am *Cork Harbour*. Die Bevölkerung Irlands sank von 8,2 (1841) auf 5,8 Millionen.

Der Leuchtturm von Roches Point tastet sich mit seinen Lichtfingern in die Dämmerung der keltischen See. Längst wird er automatisch gesteuert, und die Reihenhäuser der Leuchtturmwärter sind in Ferienwohnungen umgewandelt, der alte Leuchtturm ist eine Ruine. In wie viele Köpfe hat sich das Bild dieses alten Leuchtturms als letztes Zeichen ihrer Heimat wohl eingebrannt? Schon 1717–1775 hatten sich eine viertel Million Ulstermen, meist Presbyter, die der protestantischen *Ascendancy* (Vorherrschaft) entflohen, in Cobh eingeschifft, um in Amerika eine neue Heimat zu suchen. 1791 stachen die ersten Segler mit politischen Gefangenen in See. Ihr Ziel war Australien, das sie nach sechs Monaten erreichten.

Wir haben unseren Bus unterhalb des Leuchtturms aufgestellt, gleich neben ein „No Camping or Overnight Parking". Karl kocht im Schnellkochtopf wieder Rosenkohl mit Schinken und Kümmel, dazu Sahnesauce, natürlich Kartoffeln – und ein Glas Chianti Classico Reserva. Welch' ein Luxus! Von gegenüber leuchten die Fenster von Crosshaven, weiter rechts funkeln die Lichter von Cobh zu uns herüber, eine Hafenstadt mit französischem Stadtbild. In der Ferne, das könnte Cork sein, zweitgrößte Stadt der Republik und nach Belfast drittgrößte Stadt der Insel.

Cork, *Corcaigh* (Sumpfland) wurde 1172 erstmals von den Anglonormannen erobert. Heute leben an den beiden Armen des River Lee knapp 140.000 Einwohner. Zur Abwechslung und zwecks Dusche suchen wir in Cork wieder Zuflucht im Schoß des irischen Fremdenverkehrs, dem *Bed+Breakfast*. Unser riesiges Zimmer gleicht im März allerdings eher einem Eisschrank, dafür ist das Frühstück himmlisch: Cornflakes, Milch, Spiegeleier, *rashers* (Schinken), knuspriger Toast oder Sodabrot, sogar *drisheen*, eine Corker Spezialität aus Schafsblut, Kräutern und Milch. Und guter irischer Tee. Nur Karls Kaffee ist ungenießbar, bitterer Instantkaffee. Aber in Irland hatte Kaffee nie Tradition, auch der *Irish Coffee* ist eine touristische Kreation neueren Datums.

Strömender Regen, von ‚soft' kann keine Rede sein. Hafen und Stadtsilhouette liegen hinter einem dichten Nebelvorhang. Am Pier wartet ein philippinischer Frachter auf Lebendschafe, gegenüber ein Passagierschiff aus der Sowjetunion auf Devisen bringende Gäste. Ansonsten verlassene Docks und ein paar Getreidesilos. Hinter den Silos liegen die Werkhallen der Ford-Werke, die Henry Ford 1934 auf dem Gelände der alten Rennbahn hatte errichten lassen. Seit 1983 stehen sie wieder leer, die Arbeiter sind entlassen – Zeichen der Zeit, die so manche Arbeitslose wieder in die Arme des Alkohols getrieben hat, vor denen Father Mathew sie hatte retten wollen. Die Statue des Kapuzinerpaters steht in Patrick Street und erinnert an den schier hoffnungslosen Kampf gegen irische Trinkgewohnheiten und die starke Alkohol-Lobby.

Zum strömenden Regen gesellt sich ein Frühjahrssturm. An der Küstenstraße stehen die Kühe knöcheltief im Matsch, und selbst Kinsale, „Unsere-Stadt-soll-schöner-werden"-Preisträger und bekannt für gutes Essen, scheint geschlossen. In der Vorsaison wird selbst ein *Tea for Two* vor 12 Uhr mittags zum Problem. Kaum zu glauben, daß Kinsale im 17. Jahrhundert noch wichtigster Hafen an der Südküste war. 1601 landeten die Spanier unter Führung von Don Juan del

Aguila mit 3817 Fußsoldaten im Norden von Kinsale. Sie sollten die Ulsterfürsten O'Neill und O'Donnell gegen die Engländer unterstützen. Die verlorene Schlacht von Kinsale war der Anfang der irischen Knechtschaft. Später, im 17. und 18. Jahrhundert, wurde Kinsale britischer Militärstützpunkt.

Wir sind nicht die einzigen, die trotz des fürchterlichen Sturms hinaus zum *Old Head of Kinsale* gefahren sind. Unser gelber Campingbus wird geschüttelt wie eine kleine Keksdose, und wir bekommen nicht einmal die Fahrertür auf. Ich stecke noch rasch ein paar dicke Äpfel in meine Anoraktaschen, um zu verhindern, daß sich der Wind darunter verfängt, und hänge mich an meine 47 Kilo Lebendgewicht.

Das Fort am Ende der Landzunge, wo die Klippen 80 Meter steil ins Meer fallen, bekommen wir allerdings nicht zu sehen. Nach ein paar hundert Metern klammern wir uns nur noch an Weidezäune und Pfosten. Als schließlich ein weit größerer Mann – einfach so – von den Füßen gehoben wird und im Gras landet, ziehen wir uns in unsere schwankende Wohnblechbüchse zurück. Der Ex-Architekt Karl versucht mir mit Regeln der Statik (Verhältnis von Seitenfläche zu Gewicht und Schwerpunkt, oder so ähnlich) vorzurechnen, daß selbst dieser Sturm unser tonnenschweres Gefährt nicht so einfach umwerfen kann.

Vielleicht verängstigt mich auch die örtliche Nähe zum Schauplatz einer der tragischsten Katastrophen der Passagierschiffahrt. 1200 Menschen ertranken am 7. Mai 1915 in Sichtweite des Head of Kinsale. Kein Sturm, sondern die Torpedos eines deutschen U-Boots hatten den britischen Luxusliner ‚Lusitania' (unter dem Vorwand, er transportiere Waffen) backbords getroffen und binnen 18 Minuten versenkt. Kronprinz Wilhelm telegrafierte aus dem Hauptquartier begeistert an den kaiserlichen Vater: „Hier große Freude über die Torpedierung der Lusitania! … je rücksichtsloser der U-Boot-Krieg geführt wird, desto schneller wird der Krieg beendet." Er sollte recht behalten, aber der Torpedo ging nach hinten los und erzwang den Kriegseintritt der bis dahin neutralen USA gegen Kaiser-Deutschland.

fünf Finger im Atlantik

Fünf Halbinseln strecken im Südwesten Irlands ihre zerklüfteten Landzungen wie Finger in den Atlantischen Ozean. Ihre Bewohner werden von den übrigen Iren mit ‚Kerry-Witzen' gehänselt, wie unsere Ostfriesen. – „Kennen Sie schon den neuesten Kerry-Witz?", fragt der Barmann den neuen Gast. „Hören Sie mal! – Ich komme aus Kerry!" – „Gut, ich erzähle ihn auch ganz langsam." *Kerrymen* haben es schwer, als Ausgleich sorgt der Golfstrom für milde Winter und eine subtropische Pflanzenwelt. Der rosa und lila blühende Rhododendron ist freilich nur bei uns Touristen beliebt. Bauern und Naturschützer bekämpfen diesen einst für die Gärten der Landlords importierten, recht herrischen ‚Rosenbaum', der sich längst massenhaft über die Mauern der Herrengüter hinweg verbreitet hat und nun unter und neben sich nichts dulden will.

Nördlich von der Bantry Bay erstreckt sich Beara Peninsula, der am wenigsten besuchte Finger von Kerry's fünf Halbinseln. Die meisten Straßen sind für Reisebusse nicht breit genug, und abgesehen von Glengarriff an der vielbefahrenen Hauptstraße hinauf nach Killarney und Kenmare ist die Region touristisch kaum entwickelt. Enge, kurvenreiche Straßen, auf denen die wenigen Straßenschilder wie aus dem Nichts auftauchen. Karge Felsrücken und Weiden, dann plötzlich wieder ein moosüberzogener Wald, mit zahllosen nach Licht suchenden Zweigen und solch faserigem Wildwuchs, als sehe man durch ein Mikroskop. ‚800-Pfund-Strafe'-Warnschilder kämpfen gegen das ungesetzliche Abladen von Hausmüll, ansonsten sind es in Irland meist die üblichen, billigen 10 Pfund.

Der Ring of Beara, genauer der nördliche Teil der Halbinsel, war uns die liebste Ecke in Irland. Im Frühjahr begegnete uns kaum jemals ein Fahrzeug auf den holprigen Landstraßen, auf denen ein Kilometer doppelt so lang ist, wie im übrigen Westen. Die Straßen werden nach Westen immer enger, gelegentlicher Gegenverkehr ist ohne den Rückwärtsgang nicht mehr zu bewältigen. Zuweilen scheint es, als führe man über die Hinterhöfe der kleinen am Wege liegenden Gehöfte. Dann wieder enge Kurven, und Karl prügelt den Diesel im ersten Gang bis zum baumlosen Paß. Der belohnt die Anstrengung mit einem spektakulären Blick hinunter zum Meer. Regennasse, glitzernde Felsgrate, die wie angelandete Wale in die Kenmare-Bucht hineinragen, überwölbt von düsteren Wolkentürmen. Geduckte Cottages, Weiden, Mauern, aber kaum Bäume.

Der Westen Irlands ist erschreckend baumlos. Es fällt heute schwer, sich vorzustellen, daß Irland einmal von jenen dichten Laubwäldern bedeckt war, von denen heute nur noch die Namen zeugen. Keine Ortsbezeichnungen kommen häufiger vor als solche, die sich in irgendeiner Form an das Wort Eiche, *dair*, anlehnen oder es beinhalten, wie *doire*, *dara*. Nach Joyce beginnen über 1300 altirische Ortsnamen mit dem Wort Doire.

Noch im 16. Jahrhundert, zu Elisabethanischen Zeiten, waren weite Flächen der Insel bewaldet. Viele Wälder fielen den großflächigen Brandrodungen der englischen und normannischen Grundbesitzer zum Opfer, um vor allem Weideflächen zu schaffen. Später lieferten die irischen Wälder über Jahrhunderte das Bauholz für den Schiffsbau nach England und Schottland und befeuerten die Schmelzöfen der Metallhütten. Die saftigen grünen Weiden, die Irland so berühmt gemacht haben, sind also alles andere als natürlich. Sie sind Resultat der Monokultur und eines rigorosen Raubbaus an der Natur. 1920 war nur noch ein Prozent Irlands bewaldet. Geblieben sind die charakteristischen Hecken – Fuchsien, Brombeeren, Stechginster, Weißdorn und Rhododendron.

Den Wäldern von Beara hat vor allem Sir William Petty den Garaus gemacht, sie verschwanden in seinen Eisenschmelzöfen. Petty, ein Professor für Musik und Medizin, der Ende des 17. Jahrhunderts als Armeearzt mit Cromwells Truppen nach Irland gekommen war, gilt auch als Gründer von Kenmare. Sein Rivale (und der jedes Englishman) war O'Sullivan Beare.

Noch heute ist die Halbinsel O'Sullivan-Land. Johannes Kohl übersetzt den Namen mit „Liebling meines Herzens". Jede zweite Grocery oder Kneipe nennt einen O'Sullivan als Besitzer. Das heißt nicht, daß sie sich als unmittelbare Nachkommen des alten Königs begreifen oder alle miteinander verwandt sind. Es ist einfach nur einer der vielen Namen eines alten Clans, jener Stämme, die die Insel unter sich aufgeteilt hatten.

O'Casey, O'Kelly, MacNamara waren andere Stämme und sind heute typische irische Namen. Das *O* bedeutet Sohn, ein *Mac* steht für Enkel. Joyce, Burke, Powers sind normannischen Ursprungs. Fitzgerald leitet sich zum Beispiel vom französischen ‚fils' (Sohn) ab. Boyle und Herbert sind englische Namen. Aber auch die Vornamen verraten oft viel über die (religiöse) Herkunft. Kein Katholik würde seinen Sohn William taufen, kein Protestant gerne Patrick heißen. Die Halbinsel Beara erhielt ihren Namen von einer spanischen Prinzessin, die den ersten König von Munster heiratete. *Mug Nuadat* war von *Conn of the 100 battles* geschlagen worden, aber es gelang ihm, nach Spanien zu fliehen, wo er seine spätere Frau Beara kennenlernte. Von den Mugs stammen auch die großen gälischen Familien der O'Sullivans, McCarthys und O'Donoghues.

Um sich von den anderen Teddy O'Sullivans der Gegend zu unterscheiden, muß sich beispielsweise Teddy O'Sullivan zusätzlich noch Teddy Nelly nennen. Sein Pub liegt am Kilmakilloge Harbour an der Wegkreuzung von Lauragh, dort, wo es hinauf zum Healy's Pass geht. Hinter einer Kurve und gleich gegenüber einem meist von schweren, grauen Regenschauern versteckten holländischen Schiffswrack, an einer kleinen Kreuzung, stößt der Reisende auf ein cremefarben und rot gestrichenes, zweigeschossiges Haus. Pub und B+B, berühmt vor allem wegen Joans köstlicher Fischsuppe.

Eric Newby hatte uns in seinem Reisebuch „Round Ireland in Low Gear" (Durch Irland im ersten Gang) den Tip gegeben. Der 66jährige war 1985 mit Frau Wanda ein Jahr lang per Mountainbike durch Irland geradelt – geschüttelt von Winterstürmen, gewärmt von Thermounterwäsche und gestärkt von so manchem Guinness. Das Buch ist auch für all diejenigen ein Genuß, die nicht in die Pedale treten müssen.

O'Sullivans ist einfach eingerichtet. Neonleuchten unter niedriger Holzdecke, ein heller, cremefarbener Anstrich, der im angenehmen Kontrast zu den üblicherweise schwarzdunklen, schweren Holzverkleidungen der City-Pubs steht. Der *Tea for Two* mit Scones und die hausgemachte Muschelsuppe sind nach einem langen, verregneten Tag einfach umwerfend gut. Das Stout schmeckt sahnig, aber wir sind zuerst einmal reif für die riesige (und einzige) Badewanne des Hauses.

Obwohl die alte Festung des O'Sullivan Beare nur wenige Kilometer von hier entfernt liegt, kennt Teddys Frau Joan die Burgruine und das alte Herrenhaus nur vom Hörensagen. *Puxley Hall*, das geheimnisumwitterte Herrenhaus des englischen Kupferbarons Puxley, dient heute einer einheimischen Kuhherde als Toilettenblock und Unterstand. Drei verschiedene Geschichten haben wir über die Ruine gehört. Joan O'Sullivan vermutet, das Mansion sei zerstört worden, nachdem den Bauherren die Steuern zu hoch geworden waren. Zwei deutsche Frauen mit dickem Reiseführer hatten wiederum gelesen, daß die Puxleys in Kupferminen investiert hatten und mit dem Preisverfall des Metalls auch den Bau nicht vollenden konnten. Später lesen wir in einer verläßlichen Quelle, daß Schloß Dunboy (wie viele andere Herrenhäuser) im August 1921, in den letzten Tagen der ‚Troubles', abbrannte. Die *Irish Volunteers* hatten das Schloß in Abwesenheit der Puxleys abgefakkelt, um sich an ‚Copper-John' zu rächen.

Heute erzählen nur noch die Ruine Dunboys, die verfallenen Türme der alten Bergwerke und die über die ganze Halbinsel verstreuten (gefährlichen, weil nur notdürftig abgedeckten) Minenschächte die Geschichte des Kupferbarons, dessen ausschweifendes Leben den Stoff für den Roman „Hungry Hill" lieferte. Am schönsten weiß die von Kletterpflanzen, Gras und Bäumen überwucherte Schloßruine zu plaudern. Im Frühjahr

„In Dublin's fair city the girls are so pretty…", irisches Lied

Büchergalerie im Obergeschoß des „Long Room“...

und die Wächter des „Book of Kells“

„Long Room" – eichenholzgewölbte Bibliothek im Trinity College, Dublin

Georgian Door am Merrion Square, ... diese ist vom Abriß bedroht,

die Türklopfer erzählen ihre Geschichte.

begeisterte Zuschauer bei der St. Patricks-Parade am 17. März, Dublin

Tin Whistle Band

patriotische Gesichter
in den Landesfarben

„Some are cooler?" – die Guinness-Werbung ist allgegenwärtig

„The Long Hall", Dublins Pub mit der längsten Theke

die gußeiserne „Ha'penny-Bridge" über den Liffey

Dublins alte Kanäle haben als Frachtwege ausgedient.

Iren sind Pferdenarren, auf jeden dritten Bewohner kommt ein Pferd.

die Hälfte aller Iren
sind unter 25

an über 270 Renntagen wetten die Iren ein Vermögen auf Rennpferde

„... wo laufen sie denn?", Irish Derby, Curragh

einsame Paßstraße hinauf zur Sally Gap, Wicklow Mountains

alte Baumbestände und Pferdeweiden, Curragh

Lough Tay unterhalb der Sally Gap

Verlassenes Haus in den Wicklow Mountains

Glendalough, das Kloster lieferte den Stoff für Irlands schönste Balladen

Millionen von Iren verließen über den Hafen von Cork ihre Heimat

und am Leuchtturm von Roches Point ein letzter Blick.

Schafscheren am Glenbeglough, Beara Halbinsel

Allihies auf Beara Peninsula – einst Zentrum kleiner Kupferminen

„Soft Day" – eine Telefonzelle als Zuflucht vor dem Regen

ausgemusterte Fischerboote am Garnish Point, Beara Peninsula

Puxley Hall, einst Herrensitz eines Kupferbarons

das Schloß brannte während der „Troubles" ab und dient heute als Kuhstall

die verzauberte Schloßruine von Thomastown bei Golden, Tipperary

ein wenig Weideland zwischen kargen Bergrücken, Beara

Rindermarkt während der „Puck Fair“ in Killorglin, Grafschaft Kerry

Wechsel der Zeiten

PLAYER'S WEIGHTS
CORN FLAKES
WOODBINES
EXIT
COFFEE
GROUND
JOHN POWER & SON
POT STILL WHISKEY
JACOB & Co's HIGH CLASS BISCUITS
BARRY'S
FARMERS JOURNAL
CRUNCH TIME COMING

links Morrissey's Pub in Abbeyleix, rechts Dick Mack's Pub, Dingle

Opfer des Atlantiks am Slea Head, Dingle Halbinsel

ausgedienter Fischkutter im Hafenstädchen Dingle

Black Valley und Märzschnee auf den Macgillycuddy Mountains

braucht man allerdings *Wellingtons*, gute Gummistiefel, um an und in den Ort des Geschehens zu gelangen. Kein Faltblatt oder Plastikschild klärt darüber auf, daß John Puxley 1866 Arbeiter aus Italien holte, um die Marmorsäle des Viktorianischen Prachtbaus auszustatten.

Nach 70 Jahren braucht man viel Phantasie, um sich eine große Ballnacht in diesen nun lichtdurchfluteten Räumen vorzustellen, in denen die Natur ihre Rechte längst wiederhergestellt hat. Über feinen, blaß rosaroten Marmorsäulen, gestützt von skelettartig freigelegten neogotischen Spitzbögen, in deren Zwickel sich kleine Bäume eingenistet haben, wölbt sich die Große Halle wie ein Kirchenschiff über drei Geschosse in den Himmel. Der Boden ist morastig und kaum zu unterscheiden von den weichen, frischen Kuhfladen, unter denen man zuweilen einen verborgenen Gewölbestein fühlt. Wilder Wein, Efeu und junge Rhododendronpflanzen wachsen in allen Ecken, mit Vorliebe in den oberen Galleriegeschossen, wo vermutlich Vögel ihre unverdaulichen Samen abgeworfen haben.

Geschichte zum Anfassen, aber Achtung! Steinschlag! Heruntergestürzte Spitzbogensegmente raten zu extremer Vorsicht, vor allem bei stürmischem Wetter. Dies ist kein Museum. Dies ist Geschichte hautnah, pur, ohne Konservierungsstoffe. Ich liebe diese alten Gemäuer, zu denen man sich durch nasses Gestrüpp, über Weiden mit neugierigen Jungbullen und über Zäune und Metalltore vorkämpfen muß. Renovierte Ruinen interessieren mich nur noch wenig. Denn geharkte Kieswege und Blumenbeete, Asphalt und Andenkenläden rauben ihnen meist den Geist und mir die Phantasie.

In Irland verblaßt Geschichte langsamer, aber auch endgültiger als anderswo. Es gibt unzählige dieser Ruinen in Irland: Vorchristliche, Normannische, Elisabethianische, Georgianische, Viktorianische. Die meisten der Herrenhäuser, deren Besitzer nicht Iren sondern Briten waren, liegen in den Midlands, hinter Agrarzäunen, umgeben von verwilderten Parks mit ihren oft einzigen größeren Baumbeständen der Gegend. Das efeuüberwucherte Schloß Thomastown bei Golden in der Grafschaft Tipperary zum Beispiel, oder das im 18. Jahrhundert im dorischen Stil erbaute Mount Shannon bei Castleconnell in der Grafschaft Limerick. Unvergeßlich für uns, aber vergessen von den Anliegern. Das ist die andere Seite der Medaille, wenn sie nicht konserviert und geschützt wird. Die Mehrheit der Iren zeigt bislang keinerlei Interesse an diesen alten Gemäuern. Sie dienen immer noch als Steinbrüche. Und wenn der dorische Portikus (was abzusehen ist) bald auseinandergebrochen ist, wird der Farmer den Bagger bestellen.

Zurück in O'Sullivans, stoßen wir auf eine gemischte Gesellschaft. Mittwochabend ist *31*-Zeit, ein Kartenspiel, zu dem sich die Senioren im Hinterzimmer versammelt haben. Im engen Pub, gleich rechts neben dem Eingang, zapft Joan für ein paar späte Gäste zwei, drei letzte Pints. „Ihr solltet am 7. Juli wiederkommen", rät uns Teddy Nelly. Kilians Tag ist *der* Tag der Gemeinde und – kaum erwähnenswert – ein willkommener Grund, ein paar Pints mehr zu kippen. „Wir haben einen großen Ball organisiert, mit wildem Tanzen in der Garage, und unsere Lizenz ist dann auch verlängert bis 3 Uhr morgens. Good crack – das versprech' ich Euch."

Der heilige Kilian, irischer Wanderbischof, dessen Märtyrertum 1989 in Würzburg zum 1300. Mal gedacht wurde, soll der Legende nach von hier losgesegelt sein. Seit dem Mittelalter kamen alljährlich Tausende von Pilgern hierher, um an einem dreitägigen Kreuzgang zu seiner Einsiedelei am See Lochmackleenlaun teilzunehmen. Im letzten Jahrhundert berichtete allerdings ein Zeitzeuge aus Belfast, daß die meisten Pilger Frauen waren und daß auf jede Frau, die vom heiligen Wasser trank, zehn Porter trinkende Männer kamen.

Am nächsten Morgen begrüßt uns Joan zum Frühstück nicht mit einem „Lovely day", sondern wieder mit „Soft day". 250 von 365 Tagen im Jahr gelten in dieser regengeschwängerten Ecke der grünen Insel als ‚soft' oder verregnet. Klima und Regen werden nicht nur durch die Wassermengen bestimmt, die der Atlantik heranträgt. Die Gebirge der Halbinseln, die Caha-Berge auf Beara oder die verzackten Macgillycuddy Reeks, zwingen die Wolken zum Abregnen.

Ardgroom, später Nachmittag. In Vorahnung, daß wir das Ende der Zivilisation bald erreicht haben, springe ich in einen Grocery-Shop, um uns mit ein wenig Notproviant auszustatten: Butter, Brot, Käse, Milch und ein paar Dosen Tomaten. Zum ersten Mal lesen wir nun *Ring of Beara* und biegen nach rechts ab auf die ‚wahre' Küstenstraße. Mauern, Hecken, winzige Häuser und Weidetore aus verzinktem Rundstahl. Plötzlich hinter einer Kurve eine Herde Kühe, die sich ihr matschiges Hinterteil am Bus abreiben – und dann unser erster Westküsten-Hund. Verglichen mit denen von Donegal sind sie Amateure und laufen nur ein paar Meter weit laut kläffend hinter uns her. Bergauf haben sie ohnehin leichtes Spiel mit uns.

Bis *Garnish Point*, dem westlichsten Festlandzipfel von Beara, sind es noch ein, zwei Stunden. Ich hatte nicht erwartet, daß die Seilbahn, die auf der Landkarte das Festland mit der vorgelagerten Dursey Island verbindet, noch existieren würde. Aber es gibt sie tatsächlich noch. Sie verkehrt sogar nach Fahrplan: Montag bis Samstag von 9 bis 11 Uhr und von 15 bis 17 Uhr, sonntags eine Extratour um 11 Uhr zur Messe. Die Kabine aus Holz, Flachstahl und Blech mit der ungesicherten Schiebetür bietet gerade 6 Erwachsenen bzw. einer Kuh Platz. Auf der Festlandseite warten drei japanische Kleinwagen, auf der Inselseite drei völlig von Salzwasser zerfressene Escorts und Morris.

Heute leben nur noch zwei Familien, die Murphys und Sheehans, auf der Insel. Aber die Grabsteine um die kleine Kirchenruine erzählen noch von den Healys, den Harringtons und den Dudleys – englische Namen. „Die unbeschrifteten Grabsteine", ruft der Seilbahnführer uns nach, „sind von den Leuten, die die Briten vor 150 Jahren die Klippen hinuntergestoßen haben." Die Klippen, an denen die Wogen des Atlantik mit der Wucht von Tausenden Kilometern zerstieben, sind hoch – und das Gedächtnis der Iren lang.

Es gibt viele ‚westlichste' Telefonzellen im Westen Irlands. So versucht auch die Postmeisterin in Garnish Point uns von ihrer Besonderheit zu überzeugen, aber ein Blick auf die Karte verrät, daß dieser Superlativ der Halbinsel Dingle gebührt. Ohnehin wäre ein Anruf von dieser ‚westlichsten' Telefonbox nach Germany nur mit etwas Geschick und einer handvoll 2- und 5-Pence-Stücken zu meistern gewesen.

Mit einem Rundkurs über Bear Haven, Dunboy Castle und Adrigole schließen wir den Kreis bis zum *Healy's Pass*, der – 330 Meter hoch und 12 Kilometer lang – den südlichen Küstenstreifen Bearas mit dem Norden verbindet. Irlands schönster Paß bringt uns zurück nach Kenmare, einem kleinen Städtchen an der tief ins Land eingeschnittenen Mündung eines gleichnamigen Flusses.

Zweigeschossige, kompakte Stadthäuser bilden die Hauptstraße des beschaulichen Fleckens, den besagter Medizinalrat Cromwells gegründet hatte. Hinter senffarbenen, schieferblauen, knallroten, beigen, olivgrünen, moosgrünen Fassaden und Fenstern verbergen sich Hotels, Souvenierläden, Schuster, Schreibwarengeschäfte und Bioläden. Heute, am Mittwoch, sorgt ein Viehmarkt für zusätzliches Leben. Nichts Besonderes, einfach nur ein Markt, ein paar Gemüsewagen, Viehanhänger. Vor der Allied Irish Bank vertreibt ein mobiler Viehapotheker aus dem Anhänger allerlei Spritzen und ‚harte Drogen' gegen Würmer, Milzbrand, Tuberkulose und Leukose.

Denjenigen, die sich für solche Märkte interessieren, sei *Old Moore's Almanach* empfohlen, den man Anfang des Jahres für 84 Pence bei jedem besseren News Agent (Zeitungskiosk) bekommt. Auf 80 Seiten sind nicht nur alle Pferde-, Schweine- und Kälbermärkte Irlands penibel aufgelistet, auch die wichtigsten Pferderennen, Windhundrennen, Sonnen- und Mondaufgänge, Flutstände, Herschels monatliche Wettervoraussage, Horoskope, Träume und ihre Bedeutung, Gesundbeten, Tips gegen Glatzenbildung und Heiratsvermittlungen finden den ihnen gebührenden Platz im Almanach. Und auf den letzten Seiten noch jede Menge Gedichte, die treue Leser dem Verleger zugeschickt haben. Kurz: eine ideale Bettlektüre.

Ring of Kerry

Auf der Landstraße nach Westen beginnt der berühmte *Ring of Kerry* um die Halbinsel Iveragh – mit stets neuen, überraschenden Ausblicken auf weite Buchten und zerrissene Klippen. Aber wer die Ruhe sucht, sollte den Ring im Sommer meiden. Denn obwohl 1980 von den im Jahre 1951 gezählten 11.000 Bewohnern nur noch 8.000 auf Kerrys Halbinsel Iveragh verblieben waren, fallen in der Hauptsaison Tausende von Urlaubern gleichzeitig über diese Halbinsel her. Dann gleicht auch dieser Rundkurs eher einer ‚Autobahn' mit Stop-and-go und Kolonnen von Campmobilen und Reisebussen.

Am 4. Juli (das merke ich erst später) sind es auch zahlreiche Busse, die uns mit rotweiß-blauen Fähnchen einen schönen *4. Juli* wünschen. Der Busfahrer kann es kaum abwarten zu erzählen, daß nicht nur acht Unterschriften der amerikanischen Unabhängigkeitserklärung von Iren stammen, sondern daß die ‚Declaration' auch von einem John Dunlap aus der Grafschaft Tyrone gedruckt worden war – und daß seine Großgroßmutter dabeigestanden hatte. Alle zwei bis drei Minuten hält nun ein Bus, und ich hasse den Gedanken, mit dem Rad unterwegs sein zu müssen.

An manchen Märztagen wirkt der Ring of Kerry jedoch wie ausgestorben. Es ist stürmisch. Selbst Waterville hinter dem Ballaghisheen-Paß, wo im Sommer endlose Reihen von Reisebussen für Kaffee und Kuchen haltmachen, wirkt geschlossen. Kurz hinter Sneem lesen wir einen Bauern von der Straße auf, den der plötzliche ‚soft rain' unvorbereitet erwischt hat. Er trägt einen Anzug, ist um die 50, hager und bringt den süßlichen Geruch von Torffeuer und billigem Whiskey mit in den Wagen. Als Landwirt begreift er sich allerdings nicht. „Ich bin Sohn eines Bauern, mein Bruder hat mit seiner Familie den Hof, ich arbeite bei ihm und lebe bei meiner Mutter." Ich frage, ob sein Bruder älter ist. „Ja, mein Bruder ist der Älteste, ich der Jüngste. Meine fünf Schwestern leben in den USA und England." Er ist ein gesprächiger, aber auch schüchterner, sensibel wirkender Mann, eigentlich noch ein Junge. Ein irischer Junggeselle wie aus dem Lehrbuch, den die späte Geburt an den Herd der Mutter gebannt hatte.

Vor Waterville biegen wir vom ‚Ring' ab, suchen uns einen Weg im Labyrinth kleiner Asphaltstraßen. Hinter Ballinskelligs beginnt eine wunderbare (allerdings enge) Straße entlang Finan's Bay mit Blick auf Puffin Island und die Skelligs. Im ersten Gang geht's wieder über einen für einen VW-Bus extrem steilen Paß nach Portmagee, einem kleinen Fischerort gegenüber von *Valentia Island*. Unsere erste Insel. Mindestens 100 Inseln gibt es vor der irischen Küste, *365* sollen es der Legende nach sein, für jeden Tag des Jahres eine – Irlands fünfte Provinz. Valentia Island wird von den raschen Touristen des Ring of Kerry meist links liegen gelassen. Viele kennen die Insel mit dem wunderbar spanisch klingenden Namen nur von ihrer täglichen Erwähnung im Wetterbericht: „zwischen Mizen Head und Malin Head".

In Knightstown verschlägt uns der Regen, in der Hoffnung auf eine warme ‚homemade-soup', ins *Royal*. Aber die Brühwürfelsuppe ist so wenig königlich wie das einst glamouröse Hotel, das heute im Obergeschoß auch die Jugendherberge beherbergt. Wir fragen nach Suppe und Sandwich und bekommen vom Besitzer als Zugabe auch noch die ganze Geschichte und die Highlights der Insel serviert. Irgendwo unter dem Dach des Hotels soll noch der Metallsarg dahinrosten, mit dem die Opfer der Hungersnot 1845 zum Friedhof geschleppt wurden. Damals diente das „Royal" als Hospital. Die Bauern der Insel waren arm und wanderten alljährlich zur Erntezeit bis nach Tipperary – barfuß, um die Schuhe zu schonen, die sie nur zum Schutz gegen die scharfen Getreidehalme trugen.

Knightstown ist einer dieser Orte, welchen die Geschichte für ein paar Jahre auf die Landkarte setzte, um sie wenig später ohne Mitleid wieder zurück in die Krabbelkiste der Geschichte zu stoßen. Westminster House of Parliament wurde mit Schiefer aus Valentias Steinbrüchen gedeckt, und auch sonst geriet die Insel immer wieder in die Schlagzeilen. Charles Lindbergh kreiste hier ein letztes Mal über Land, bevor er zum legendären Atlantikflug ansetzte. 1933 ‚verirrten' sich 70 Flugzeuge einer italienischen ‚Air-Armada' des Luftmarschalls Balbao hierher. Auch das deutsche Waffenschiff (mit Gewehren und Munition für den mißglückten irischen Osteraufstand) soll irgendwo auf dem Grund vor Valentia liegen.

Im 19. Jahrhundert galt die Insel, die erst seit 1971 durch eine Brücke mit dem Festland verbunden ist, als eine Art ‚Cape Kennedy'. Hier endete seit 1857 das Atlantikkabel, mit dem die Nachrichten von Europa in die Neue Welt gingen. Das berühmteste ‚Cable', das damals auch die amerikanischen Iren zutiefst schockierte, lautete: „Our mother died last night". Es war die verschlüsselte Nachricht vom fehlgeschlagenen Aufstand der von Amerika massiv unterstützten Fenian-Bewegung 1867.

Großvater, Vater und Ehemann der Lady hinter dem Schalter von Europas ‚westlichstem' Postamt arbeiteten in der 1965 geschlossenen *Transatlantic Cable Station*. Während auf kanadischer Seite, in *Heart's Content*, eine gefällig renovierte Museumsstation Millionen von Touristen anzieht, haben hier nicht einmal die Apparate überlebt – verschrottet, gestohlen, versteigert und verkauft – für die Geschichtsbesichtigung verloren. Heute verlieren sich neben Hochseeanglern vor allem Rucksackreisende auf diese Insel im touristischen Schatten des ‚Ring of Kerry'.

Skellig Michael

Ein Morgen im August. 9.20 Uhr. Fünfzehn junge Touristen, fast ausschließlich Deutsche, warten am Pier von Knightstown auf den Kapitän des kleinen Fischerboots. Es soll uns zu der 13 Kilometer vor der Küste liegenden Felsinsel *Skellig Michael* bringen. Auf unser optimistisches „Wonderful day!" antwortet Dermot nur mit einem hintersinnigen Grinsen: „Nun gut – lieblich und ruhig – hier!"

Der Himmel ist blau, und der Wasserspiegel des Hafens von Knightstown im Windschatten von Valentia Island ist flach wie der eines Binnenmeeres – aber das täuscht. Kapten Dermot Walsh hat so seine Erfahrungen. Am Wolkenbild, am Wellenschlag und an der Brandung kann er die Stimmungslage des Atlantik schon voraussagen, bevor wir das offene Meer erreichen.

„Also Leute!" beginnt Dermot seine kurze Ansprache, „der Bootstrip kostet 12 Pounds ‚return'. Aber versprechen, auf Skellig Michael zu landen, kann ich nicht. Die See ist ein wenig rauh. Aber sehen werdet ihr die *Skelligs* in jedem Fall."

Pünktlich um 9.30 Uhr verlassen wir bei Flut den Hafen. Eine halbe Stunde später, vor Portmagee, wird die Luft salziger, der Wind stärker, und die See in der Ferne zeigt weiße Schaumkronen. Noch schützen uns einige Landzungen, an deren Klippen die Brandung des Atlantik zu meterhohen Fontänen zerstäubt. Hinter Valentias *Bray Head* wird es rauh. Wir tauchen in die ersten Wellentäler. Fünfzehn Touristen, auf zwei Bänken gereiht, klammern sich an die Holzplanken des offenen Kutters.

Die ersten Wellen schwappen über Backbord, und wir begreifen nun den Nutzen der meterlangen Plastikplane, die wir auf der Holzbank gemeinsam über die Knie ziehen sollten. Unser unbeschwertes Gequatsche wechselt binnen Minuten in nervöses Lachen: „Zu schade, daß wir die Skelligs nicht zu sehen bekommen – die See ist wohl zu rauh." Bald fallen die ersten von der Sitzbank, andere (wie Karl) hängen über der Außenwand des Bootes, um nicht den Nachbarn zu treffen. Die Wellentäler werden tiefer, und die Brecher, die das kleine Holzboot wie eine Nußschale aus der Bahn zu werfen drohen, schlagen regelmäßiger über den Bord.

Als Dermot schließlich aus seiner Steuer-Kajüte tritt, erwarten wir nur noch die erlösende Ankündigung der Rückkehr. Doch er zeigt nur nach rechts auf die sturmgepeitschten Klippen: „Könnt ihr die Seehunde dort drüben sehen? Das ist *Washerwoman's Rock*. Und dort drüben im Südwesten, das sind *Lemon Head* und *Puffin Island*." Und er zieht sich wieder in sein Steuerhäuschen zurück.

Was? Wir kehren nicht um? Ein Gefühl völliger Hilflosigkeit überkommt mich. Horizont, Küste und Skelligs verschwinden für lange Sekunden hinter graugrünen Wasserwänden. Nur meine Kenntnis von Dermot Walshs Lebenslauf verhindert Panik in mir. Bevor Dermot 1974 begann, Touristen zu den Skelligs zu schippern, war er Kapitän des in Knightstown stationierten Seenotkreuzers. Er gilt als einer der erfahrensten Skipper der Westküste. Trotzdem – zweieinhalb Stunden sind eine lange Zeit in dieser fürchterlichen Wellenküche, in der sich örtliche Strömungen mit riesigen, langen ‚Swells' verquirlen, welche sich vielleicht ein paar tausend Kilometer entfernt in einem Sturmtief gebildet haben.

Als erstes passieren wir *Little Skellig*, bewohnt von zwanzigtausend Seevögeln: Möwen, Baßtölpel, Eissturmvögel und Sturmtaucher. Auch Skellig Michael kommt in greifbare Nähe. Im Strömungsschatten der Inseln werden die Wogen scheinbar ruhiger, jedenfalls erträglicher. Oder haben wir uns schon leergewürgt? Aus der Perspektive einer Nußschale vor einem schwarzen Eisberg scheint die Landung auf Irlands heiliger Insel schier aussichtslos. Am *Blind Man's Cove* gibt es zwar schon seit 1826 einen kleinen Pier, aber nun steigt und fällt der Wasserspiegel am Betonpier im Wechsel von Sekunden um eineinhalb Meter. Für Dermot Grund für ein paar klärende Worte: „Leute, wir können landen, aber wir haben nur zwei Stunden Zeit. Danach wird es wegen des Seegangs zu unsicher. Also – beeilt euch! Haltet eure Sachen zusammen und springt nur auf den Pier, wenn die Woge oben ist – aber aufgepaßt!"

Der Legende nach soll einst *Daire Domhain*, der König der Welt, hier residiert haben. Bis zur Entdeckung Amerikas waren die Skelligs der westlichste Punkt des mittelalterlichen Weltbilds, sozusagen knapp am Abgrund, an der Abbruchkante der Erdplatte gelegen. Kein Wunder, daß diese Felskathedrale im Atlantik schon früh zum Refugium einer Mönchsgemeinschaft wurde.

Die Gründer des Klosters sind unbekannt. Schon vorchristlichen Druiden soll dieser Fels im Atlantik als Zuflucht vor der ihnen schon damals zu weltlichen Zivilisation des irischen Festlandes gedient haben. Mitte des 9. Jh. wurde Irlands Einsiedelei mehrfach von Wikingern erobert. Im 13. Jahrhundert wurde das Kloster aufgegeben. Nicht der widrigen Lebensverhältnisse wegen, sondern im Zuge einer ‚Klosterreform' und nach Gleichrichtung auf Druck von oben, von Rom.

Für ein paar Jahrzehnte lebte auch ein Leuchtturmwärter mit seiner Familie ein einsames Leben auf der Insel. Seit jedoch der Leuchtturm auf der Westseite der Insel, dessen Lichtfinger sich mit einer Leuchtkraft von 1,8 Mio Kerzen über 27 Meilen in den Atlantik vortasten, automatisiert wurde, ist die Insel meist unbewohnt. Nur von Juni bis August beherbergen primitive Baubuden (die die See im Winter regelmäßig wegspült) ein paar Bauarbeiter und drei Führer, um die wachsende Zahl von Tagestouristen unter Kontrolle zu halten. Während die Bauarbeiter froh sind, am Wochenende für ein paar Tage die Insel verlassen zu können, genießen die drei Guides das Privileg der Einsamkeit. Denn nachdem die Touristen wieder die Boote bestiegen haben, ist Skellig Michael wieder eine andere Welt.

„Dermot wird morgen nicht kommen!" verrät mir Eugene grinsend nach dem abendlichen Seewetterbericht. Nach langen Briefwechseln und einem Gespräch in Dublin hatten wir die Sondergenehmigung für eine Übernachtung erhalten, hatten für zwei Tage Lebensmittel, Trinkwasser, ein paar Bücher und Schlafsäcke mit herübergebracht. Was Dubliner Behörden nicht genehmigen konnten, erzwingt die Natur: statt einer Nacht verbringen wir schließlich sechs Tage auf Irlands Mönchsinsel – in einer provisorischen, mit Seilen festgezurrten Bauhütte, aus der es dem Sturm in der zweiten Nacht gelingt, ein Fenster herauszureißen.

670 Stufen, vor mehr als tausend Jahren von Mönchen in den Fels geschlagen, führen hinauf zum Kloster: Sechs bienenkorbartige Steinhäuser und ein Oratorium, die Reste einer mittelalterlichen Kapelle und einige terrassenartig angelegte Felder, erinnern an die Klostergemeinschaft. 180 Meter über dem Meeresspiegel, auf einem schieren Felsen, der unter Wasser noch über 70 Meter steil abfällt, bis er den Festlandschelf erreicht. Die Mönche wußten sich zu helfen: sie sammelten das Regenwasser an den Felsschrägen, und es gab vermutlich mehr Ackerland als heute erkennbar ist, ein paar Ziegen sicherlich und Vögel, Vogeleier und Fisch. Ausreichend für 12 asketische Mönche.

Eugene, einer der Guides, kennt die Insel wie seine Hosentasche. Er klettert mit mir über den Südkamm zur Ruine des alten Leuchtturms. Zuweilen, wenn die unter uns tosende See zu schwindelerregend wird, muß er mich mit fester Hand führen. Denn heute ist das Begehen des Felsens gefährlicher denn je. Auch das Kloster, das den Stürmen der Jahrtausende getrotzt hat, schwebt in Gefahr. Die Täter sind Kaninchen, deren Vorfahren einst den Leuchtturmwärtern entlaufen waren. Alljährlich werden ihre Höhlen von einer Invasion von Saisongästen besetzt: Puffins oder Papagaientaucher, putzige Gesellen, die zwar exzellente Taucher sind, sich zu Land und in der Luft aber nur unbeholfen bewegen können. Nach ihrer Winterwanderschaft vertreiben sie nun (wie dereinst die Wikinger die Mönche) mit spitzen Schnäbeln die Kaninchen aus ihren Höhlen,

um diese selbst als Behausung zu nutzen. Und die Kaninchen beginnen wieder zu graben und unterhöhlen mit ihrer Sisyphusarbeit die gesamte Insel, und man muß schon höllisch aufpassen, damit man nicht ins Leere tritt und anschließend über die Kante fällt.

Im 17. und 18. Jahrhundert wurde Skellig Michael (Bruderinsel von Michael's Mount und Mont St. Michel) zu Ostern zum Ziel zahlreicher Bußpilger. Die Pilger hatten nach der schon beschriebenen Bootsfahrt die (mittlerweile teilweise abgebrochenen) Nadeln des Südgipfels zu besteigen. „Blarney Castle extrem", grinst Eugene.

Ein Engländer namens Wright beschrieb 1830 detailliert diese Prozedur: „Die Buße bestand darin, sich zuerst durch eine runde, einige Fuß lange Felsspalte zu quetschen, die *Needles Eye* (Nadelöhr) genannt wurde. Dann mußte man die glatte Oberfläche eines abfallenden Felsens entlangkriechen, um eine kleine Plattform zu erreichen, etwa einen Yard (Meter) breit, dessen Seiten abrupt in den Ozean abfielen. Der Aufstieg ist so angsterregend, daß er *Schmerzensstein* genannt wird. Danach bleibt nur noch ein Büßerdienst zu leisten. Ein Felsen, zwei Fuß breit und von etwa 10 Fuß Länge, dessen Seiten im rechten Winkel nach unten fallen, vom höchsten Punkt der Felsnadel, deren äußerste die *Spindle* genannt wird, wo ein grob in den Stein graviertes Kreuz erreicht werden muß. Man sitze rittlings und rutsche vorsichtig zum Kreuz und wieder zurück."

Bernard Shaw schilderte Skellig Michael als eine „Stätte, deren Zauber weit aus Raum und Zeit, weit aus dieser Welt hinausführt". Auch im 20. Jahrhundert wird man unweigerlich der Wirklichkeit entrückt. Dies ist einer der spirituellsten Orte, die ich je erlebt habe. Vor allem bei Anbruch der Nacht, wenn der Vollmond sich aus dem Dunkel des Festlandes löst, um sich über die Silhouette von *Little Skellig* und zwischen schnelltreibende Wolkenbänke zu schieben. Im Rücken die unendliche Weite des Meeres, das aus 180 Meter Höhe fast unwirklich wirkt und nur noch schwach hörbar ist.

Man braucht nicht viel Phantasie, sich vorzustellen, daß die Einsiedler sich Gott, ihrem Herrn, hier am nächsten fühlten. Denn hier oben rechnet man sich ohnehin eher zum Himmel als zur Erde, die sich unterhalb des horizontalen Blicks vor einem ausbreitet. Man fühlt sich wie im Schwebezustand, im Mittelpunkt einer Arena, umgeben von einem grandiosen Panorama: die Beara-Halbinsel, Dingle, die Blasket Islands und die Halbinsel Iveragh.

Vom Festland scheint man zusätzlich durch eine unwirklich und geisterhaft wirkende Insel getrennt, um die sich wie in Zeitlupe weiße Wolken von Seevögeln bewegen. *Little Skellig* vervielfacht psychologisch die Entfernung zur Zivilisation, die man nur erreichen kann, wenn der Wind nicht kräftiger als Windstärke 6 stürmt. Nur ein Seenotkreuzer oder der Helikopter von Dublin holen einen bei Sturm hier runter.

Nun bläst er mit Stärke 8. Während die Sturmböen unten am Meer das Gehen sehr beschwerlich machen, ist es hier oben fast windstill. Dieses Phänomen enthüllt ein weiteres Geheimnis dieser Insel: Das Kloster liegt auf der Spitze des Nordgipfels, unterhalb einer Felsschräge, die zum Kloster etwa 45 Grad abfällt, zum Meer hingegen fast senkrecht. Technisch gesprochen ein Spoiler, der selbst die schwersten Stürme hochwirbelt und ein unsichtbares Dach über das Kloster breitet, unter dem sich ein mildes Mikroklima bilden kann. Still, ruhig und warm.

im Südwesten

Nach fünf Nächten bringt uns Dermot zurück in der Zivilisation – Valentia Island, die man über eine feste Brücke verlassen kann. Nachts sind von Knightstown in der Ferne die Lichter von Caherciveen auszumachen. Das ist der Marktflecken der Gegend, eine lange, schiefe, nach ‚Wildem Westen' aussehende Stadt, die schon seit Jahrzehnten keinen Bahnanschluß mehr, aber immer noch eine Bahnhofsbar und ein Bahnhofshotel kennt.

Caherciveen ist einer der schönsten Orte an der Westküste und verfügt zweifellos über eine ungewöhnlich hohe Konzentration von Kneipen. Auf 1400 Einwohner kommen 50 Pubs, einige mit wunderschönen Holzvertäfelungen und kleinen Snugs, die Heinrich Böll ‚Einzelsäuferkojen' nannte und in die Frauen verbannt wurden, wenn widrige Umstände sie in diese Männerwelt verschlagen hatten. Die meisten Pubs fassen allerdings kaum mehr als ein Dutzend Leute, und da ihre Betreiber nur vom Alkohol nicht leben können, sind sie mit irgendeiner anderen Geldquelle verbunden: dem Geschäft eines Bestatters, Schusters oder einem kleinen Lebensmittelladen. Aber auch in solcher Kombination scheinen die Geschäfte nicht rosig zu laufen. In den Auslagen einiger Läden liegen noch ein paar vergessene Teller, Vasen und vergilbte Zeitungen, deren Datum die letzte Nutzung verraten. Selbst die *For Sale*-Schilder sind längst verblichen. Kaufen will hier niemand, und die drei Fabriken, die mit Staatssubventionen gebaut worden waren, sind seit einigen Jahren wieder geschlossen.

In Killorglin biegen die meisten Busse ab nach Killarney, dem Touristentzentrum des

Westens. Nur für ein paar Tage im August gerät auch Killorglin ins Rampenlicht. *Puck Fair*. Vom 10. bis 12. August herrscht ‚König Puck', ein Ziegenbock. Dann entsteht schon auf dem halben Weg von Castlemaine nach Killorglin ein Stau. Die Vettern, Tanten und Enkel aus Amerika kommen zuhauf. Die Bauern vermieten ihre Weiden für ein Pfund pro Auto und Tag als Parkplätze, und die Straßen sind *chock-a-block*, auf deutsch: gerammelt voll.

In diesem Jahr war erstmals ein wilder Ziegenbock aus den Bergen der nordirischen Grafschaft Antrim nach Farranfore geflogen worden. Und da im vergangenen Jahr ein Unbekannter die 24-Karat-Goldkrone des Ziegenkönigs gestohlen hatte, schätzte sich der Gemeinderat glücklich, daß Silkie, ein gewichtiger und wortgewaltiger irisch-amerikanischer Geschäftsmann aus „Memphis/Tennesseeee", für Ersatz sorgte. Aber dieser Silkie hatte nicht nur die Goldkrone, sondern auch einen Sack Gras im Fluggepäck. Nein, nicht olles Gras aus seinem Vorgarten, es mußte Gras von Elvis' Grab sein. Wie romantisch! Futter vom König des Rock'n'Roll für *King Puck*. Aber der Ziegenkönig konnte auch in zehn Meter Höhe echtes irisches Grün noch sehr wohl von ‚Jet-Lagged-Yankee-Green' unterscheiden und verweigerte nach dem Festumzug die Nahrungsaufnahme.

Puck ist zwar dem englischen ‚buck' (Bock) entlehnt, der Ursprung des Festes liegt jedoch im ‚heidnischen' Dunkel. Einige Geschichtsforscher sehen einen Zusammenhang mit dem keltischen Fruchtbarkeitsfest am 1. August, andere Theorien vermuten die Entstehung im letzten Jahrhundert, als Satire auf die königstreuen Engländer.

Weit interessanter als das Spektakel um King Puck ist der Pferdemarkt, der immer noch Tausende von Pferdebesitzern, darunter auch viele ‚Fahrende', anzieht. Die Wohnwagen und Lieferwagen von Irlands letzten Nomaden begegnen einem schon an den Zufahrtsstraßen. Die Männer handeln vor allem mit Pferden und Ponies, die Frauen versuchen als Wahrsagerinnen, mit Souvenier-Verkäufen und kleinen Trickspielen ein paar Pfund (beim cleveren Karl 10 Pfund!) zu machen.

Sonntag ist Rindermarkt. Morgens um fünf, wenn das Städtchen noch seinen Rausch ausschläft, werden die schmalen Gassen von Rindvieh belagert. Während der Pferdemarkt sich auf dem Kirchenvorplatz außerhalb des Ortskerns abspielt, erobern Kühe und Männer die engen Gassen des Städtchens. Die Straßen sind im wahrsten Sinne zugeschissen und wegen dieser ‚Fallminen' nur noch mit Gummistiefeln begehbar. Die Schaufenster sind mit Brettern vernagelt, als fürchteten die Besitzer einen Aufstand. Aus den Pubs dringen derbe Witze und der strenge Geruch von verschüttetem Bier und Zigaretten. Auf den Straßen Männer in Gruppen, die anerkennend die Köpfe zusammenstecken („Sieh dir diese Euter an!„), sich flüsternd Preise sagen, sich rituell beleidigen, beschimpfen und versöhnen – und schließlich der bindende Handschlag.

Nach drei Tagen ist Killorglin wieder in die Alltagsschublade der Westküste zurückgeschoben, und die Führer in den Reisebussen verlieren bei der Überquerung des Flüßchens Laune nur noch ein paar Sätze über den Flecken, in dem einmal im Jahr, vom 10. bis 12. August …, um dann ohne Unterbrechung in Richtung Killarney weiterzufahren.

Denn Killarney ist *das* Touristenzentrum der Westküste und ohne jeden Zweifel völlig von dieser Industrie abhängig.

Beliebt war Killarney eigentlich nie so richtig. Seit die Stadt am Lough Leane Touristen anzieht, jammern diese (und auch die Reiseführer) über die Touristenfalle. So beklagte sich A.I. Shand schon 1884 in seinen ‚Letters from the West of Ireland' bissig: „Wohin man auch geht, man kann sich der Belästigungen durch Bettler, durch Bootsleute und Führer, von auf Fahrgeld lauernden Kutschern – jetzt wo die Touristen ausbleiben – kaum erwehren, und am Wegesrand warten fliegende Händler mit Whiskey mit Ziegenmilch und anderen Getränken, gleichsam giftig und ungenießbar." William Makepeace Thackeray reiste 1842 ziemlich verärgert aus dem Viktorianischen Ferienparadies ab. Keine organisierten Bootstouren, Bergbesteigungen, Aussichtspunkte mehr! Er wollte einfach nur noch seine Ruhe.

Thackeray beschrieb damals auch recht anschaulich die Begegnung des frischgebakkenen Massentouristen mit den Einheimischen, die gekommen waren, um die Fremden mit ihren Mackintoshes (Regenmäntel), Stockschirmen und Seidenkleidern zu begutachten. Beschreibungen, wie wir sie heute nur noch aus Ländern wie Indien, Tibet oder entlegenen Ecken Chinas kennen: „Fremde, wilde Gesichter kann man sehen, wie sie aus dem Gestrüpp des Waldes hervorsehen; langhaarige Mädchen mit bloßen Beinen kamen herunter aus dem Bergland, einige mit grünen Äpfeln und sehr kränklich aussehenden Pflaumen; einige mit Ziegenmilch – ein in Lumpen gekleideter Junge hatte ein Paar Hirschgeweihe zu verkaufen: der Ort wimmelte nur so von Menschen."

Heute ist Killarney überfüllt, überbucht, ausverkauft. Sein Ortskern bildet zu allem Überfluß ein Nadelöhr mit in Doppelreihen geparkten Autos, durch das sich der Durchgangsverkehr quälen muß. Sicher, es gibt genügend Gründe, warum dieses Städtchen so überlaufen ist: jede Menge Hotels, gepflegte Parks, Bootsfahrten auf den malerischen Killarney-Seen, kleine Wanderungen durch Eichenwälder zu Wasserfällen, Dunloe Gap und Ladies View. Hier machten schon in ‚victorian times' die feinen Herrschaften einen kurzen Halt, um einen Blick durch das Schlüsselloch der Natur zu werfen.

Uns treibt der Regen ins Trockene von *Muckross House*, einem alten Herrensitz im Tudor-Stil, heute ein Museum mit Tea-Rooms, endlosen Reihen von Rotwildgeweihen und einem wunderschönem Garten am See. Beeindruckt hat mich auch ein Ölgemälde von einer Countess of Desmond, die – wenn man der Geschichte glauben darf – 140 Jahre alt wurde und erst starb, als sie 1614 aus einem Kirschbaum fiel.

Irlands Nomaden

Sommer, Sonne, es ist brüllend heiß – so wie am Mittelmeer — ein Irland ohne Schatten. Bei Regen fällt der Umstand nicht weiter auf, aber nun ist es einfach unmöglich, ein bißchen Schatten zu finden. Es gibt keine Bäume, und wenn es welche gibt, stehen sie zu weit weg von der Straße.

Zwei Mädchen mit großen Plastikohrringen, in kurzen Röcken und engen Blusen ziehen einen kleinen Handwagen mit Milchkannen die Landstraße entlang, dann biegen sie in einen Feldweg. Hinter hohen Hecken parken zwei Pferdewagen, drei gescheckte Pferde, zwei Ponies grasen auf einer Weide, Kinder spielen zwischen Planwagen. Die Mädchen bringen die Wasserration der Familie, die sich im Schatten der rot und dunkelgrün bemalten Pferdewagen niedergelassen hat. *'tinerants!*

Ein seltenes Bild, denn nur noch wenige von Irlands letzten Nomaden reisen im Pferdewagen über Land. Es ist für sie zu schwierig geworden, einen Bauern zu finden, der ihnen für ein paar Tage eine Wiese verpachtet. Meist sind die *Travellers*, wie sie genannt werden möchten, ins Niemandsland zwischen Asphalt und Weidezäune gedrängt. Heruntergekommene Wohnwagen, zerbeulte japanische Kleinbusse, ein paar Pferde und viele Kinder säumen die Ausfallstraßen der größeren Städte Irlands. Die großflächigen Warnschilder „No Caravans and Overnight Parking allowed" oder „Temporary dwellings prohibited!" (Vorübergehender Aufenthalt verboten!) gelten zwar zunehmend auch der Invasion moderner Campingbus-Nomaden, sind aber vor allem an die *Itinerants* adressiert. Obwohl sich die ‚Fahrenden' weder durch Hautfarbe, Nationalität oder Religion von den übrigen Iren unterscheiden, gelten sie wegen ihres Nomadenlebens als die Aussätzigen, die ‚underdogs' der Gesellschaft.

Warum Familie Melrany die alten Planwagen bevorzugt, hört sich an einem sonnigen Sommertag sicher romantisch an: „Sie lassen mehr Luft herein und sind gesünder als die modernen Wohnwagen. Wir bauen sie auch für den Verkauf." – Aber das ungeschützte Leben in langen, regennassen Wintern fordert seinen Preis: Die Lebenserwartung der geringschätzig *Tinker* genannten Volksgruppe beträgt weniger als 50 Jahre, die Kindersterblichkeit ist hoch. Nur der Tatsache, daß die Frauen durchschnittlich mehr als 10 Kinder gebären, verdanken die Travellers einen Zuwachs ihrer Sippen. 1986 gab es noch 3000 Familien mit insgesamt 20.000

Menschen, von denen schon mehr als die Hälfte in festen Häusern, regelrechten Ghettos, lebt. Soziale Höhepunkte ihres Nomadenalltags sind die großen Pferdemärkte in Ballinasloe oder Killorglin, ansonsten haben sie ihre Wanderbezirke untereinander genau abgesteckt.

Was von weitem als romantisches Leben im Planwagen erscheint, ist ein Nomadenleben ohne minimalen Hygienestandard und ohne jegliche Privatsphäre. Als wir uns dem Lager der Familie nähern, ist gerade Mittagszeit und schon stehen wir mitten in ihrem Wohnzimmer. Es gibt Brot, Bacon, Spiegeleier, Kartoffeln. Unmittelbar nachdem Vater den letzten Bissen getan hat, räumen die Mädchen ab und beginnen mit dem Abwasch. Riesige Töpfe und Pfannen werden auf der Ladefläche eines Holzwagens ausgebreitet. Das Wasser kommt aus den Milchkannen, eine wäscht ab, zwei trocknen ab.

Der Vater und das Oberhaupt im streng patriarchalisch organisierten Familienverband ist ein kleiner, dunkelhaariger Mann mit buschigen Augenbrauen und wettergegerbter Haut. Er murmelt sein Englisch schnell und undeutlich. Erst später wird mir klar, daß er vermutlich viele Wörter seiner eigenen Sprache benutzte, dem *Gammon* oder *Shelta*. Sie wird auch als Geheimsprache benötigt, als Schutz vor all denen, die sie geringschätzig *Tinkers* oder *Itinerants* nennen. Etwa ein Zehntel ihres Sprachschatzes ist der Sprache der *Roma* (unserer ‚Zigeuner') entlehnt. ‚Pennam' (Brot) zum Beispiel oder ‚dura' (Wasser). Aber es gilt als sicher, daß sie nicht zur europäischen Gypsy-Familie gehören, sondern sich nur gelegentlich mit ihren Leidensgenossen vom Kontinent gemischt haben.

Über ihre Herkunft gibt es unterschiedliche Theorien: Sind es Nachfahren eines geächteten, altirischen Stammes? Oder gar frühe ‚Aussteiger'? Belege über ihre Existenz in Irland gibt es jedenfalls schon seit Ende des 12. Jahrhunderts. 1175 sind sie als *tynkere*, als Besitzlose, als Kesselflicker erstmals urkundlich erwähnt. Vermutlich waren sie also Angehörige einer mittelalterlichen Unterschicht, wandernde Kesselflicker und Schmiede, denen mangelhafte Nachfrage eine Seßhaftigkeit unmöglich machte. Dieser traditionellen Erwerbsquelle setzte nicht zuletzt die Plastikrevolution ein jähes Ende. Seither sind vor allem diejenigen, die sich der Seßhaftigkeit widersetzen, auf die Sozialhilfe angewiesen. „c/o Social Welfare Ballinasloe" läßt ‚Dad' eine seiner Töchter hinter seinem Namen in unser Notizbuch schreiben.

„Nein – ansässig werden wollen wir nicht!" entgegnet Mum auf unsere Frage nach dem Regierungsprogramm, das Irlands Nomaden seßhaft machen soll. „Wir haben einmal in einem solchen Lager gelebt. Es gibt einfach zu viel Vandalismus und Unruhe." Es ist tatsächlich auffallend, wie ruhig und ausgeglichen diese 14 Kinder miteinander umgehen. Vor allem die Mädchen scheinen wirklich gut miteinander auszukommen. Selbstbewußt stellen die Girls auch die Fragen an uns Fremde. Daß ich ein Einzelkind bin, belustigt sie. „Du mußt verwöhnt sein", urteilt die älteste der vierzehn Mädchen, die auch noch zwei Brüder hat. Sechzehn Kinder hat ihre Mutter zur Welt gebracht. Über den Daumen gerechnet, war Mum also 12 Jahre schwanger. Eine Schwester starb an einem Herzfehler, ein Bruder wurde von einem Auto überfahren. Mum trägt vergoldete Hufeisen-Ohrringe zu blonden, strähnigen Haaren, und ihr Gesicht ist mit zahllosen tiefen

Falten von den Strapazen ihres Mutterlebens ‚on the road' gezeichnet. Dem Alter ihrer Kinder nach zu urteilen (die Mädchen heiraten sehr jung), kann sie höchstens 45 Jahre alt sein.

Als wir uns verabschieden, ist klar, daß die Angelegenheit noch nicht erledigt ist. Sie haben uns durch die ‚Türspalte' der Hecken einen Einblick in ihr Privatleben gewährt, und so einfach können wir ohne Zahlung eines Honorars nicht wieder verschwinden. Wir drucksen herum wie ein Liebespaar vor dem ersten ‚date' und sind wirklich erleichtert, als uns zwei der Mädchen beiseite ziehen und in fast dickensscher Manier fragen: „Would you have some spare coppers, Mister?" (Haben Sie nicht ein paar ‚Rote' übrig, Mister?) Mit dem schlechten Gewissen der reichen Touristen leeren wir unsere Börse, ein paar Münzen und eine Zehn-Pfund-Note scheinen uns angemessen.

Dingle + Blaskets

In Reichweite der Tagestouren von Killarney liegt auch Dingle Peninsula. Man sollte sich allerdings mehr Zeit lassen für diese Halbinsel, die sich als Gebirgszunge 30 Meilen in den Atlantik vorschiebt und deren westliches Ende eine der sieben gälisch-sprachigen *Gaeltachts* ist.

Hinter Castlemaine wird der Verkehr dichter. Vor Inch Peninsula, einer fünf Kilometer langen Sanddüne, einem Traumstrand, der sich als Halbinsel in die Dingle Bay schiebt, schließlich der erste Stau. Und im (bei Deutschen besonders beliebten) Fischerdorf Dingle herrscht zu allen Tageszeiten Stop-and-go.

Da bietet es sich an, die Fahrräder vom Gepäckträger zu heben. Dingle Peninsula ist ideal für Fahrradtouren. Die Steigungen sind kurz, die Ausblicke begeisternd, und hinter jeder Kurve lohnt sich das Anhalten. Wären nur nicht die vielen Reisebusse, Campmobile und Personenwagen, die sich vor allem am Wochenende über die engen, teilweise in den Fels geschlagenen Straßen quälen und nur gelegentlich auf den Parkplätzen anhalten können, um einen Blick hinüber nach Valentia, den Ring of Kerry oder die *Blaskets* werfen zu können.

Die Blaskets sind tatsächlich die westlichsten Punkte Europas, und jeder Irland-Besucher trägt sie in der Tasche. Sie sind auf dem 20-Pfund-Schein abgebildet. Eigentlich sind es sechs Inseln, aber eine fehlt auf der Banknote. Die nämlich, die Irlands Premierminister und Multimillionär Charles Haughey vor Jahren gekauft hat, um sich ein Ferienhaus darauf zu errichten. 1954 waren die letzten 24 Bewohner noch per Regierungsentscheidung zwangsweise aufs Festland umgesiedelt worden, weil der Fischfang sie angeblich nicht mehr ernähren konnte. Das Leben der Bewohner wäre sicher längst in Vergessenheit geraten, hätte es nicht jene drei Laiendichter/innen gegeben, die heute zu den Klassikern der gälischen Sprache zählen.

„The Islandman" von Tomas O'Crohan erschien 1929, um der Nachwelt etwas zu berichten: „Denn Leute wie uns bekommen wir nicht wieder". 1933 erschienen Maurice O'Sullivans „Twenty Years A-growing" und auch die Erinnerungen einer Frau: „An Old Woman's Reflections" von Peig Sayers. Sie war zwar auf dem Festland, in Dunquin, geboren worden, machte sich aber später einen Namen als ‚Story Teller', obwohl diese Rolle meist Männer innehatten.

In den 30er Jahren gab es kaum noch einen Ort in Europa, wo alte Traditionen noch so intakt abgelesen werden konnten wie hier am äußersten Rand des Kontinents. Sprachforscher und Ethnologen strömten in Scharen auf die Blaskets, auf denen es weder Polizist noch Priester, weder Pub noch Laden gab. Der Dramatiker J.M. Synge war ein häufiger Gast auf den Inseln, ebenso Robin Flower vom Britischen Museum, dem die Bewohner den Namen *Blaheen* (Kleine Blume) gaben. Allen war klar, daß die „old ways", die Lebensweise der glücklichen Inselbewohner, bald verschwunden sein würden. Paraffinlampen ersetzten schon die Fischtranlampen, moderne Haushaltswaren und Kleider verdrängten die Notwendigkeit der Seehundsjagd und des Spinnens. 1921 gab es um Dingle noch 400 Curraghs (leichte Holzboote mit geteerter Leinenhaut), 1934 waren es nur noch 80 Boote.

Ermutigt und vor allem niedergeschrieben von zahlreichen Folklore-Sammlern, Schriftstellern und Wissenschaftlern, erzählten die Inselbewohner ihr Leben – in ländlicher Naivität und Bauernschläue und ohne Punkt und ohne Komma, wie Synge einmal feststellte. *Story Teller* und Poeten erfreuten sich seit jeher großer Beliebtheit in Irland. Bei den Kelten standen sie gleichberechtigt neben den Druiden. Diese Tradition des Geschichtenerzählens ermöglichte es, daß der Alltag dieses einfachen Insellebens nicht von Intellektuellen, sondern von Analphabeten, den Betroffenen, erzählt wurde. Aber ihre Memoiren wurden trotzdem – eben weil von Intellektuellen niedergeschrieben – auch gefiltert, idealisiert und romantisch verklärt.

Kein Wunder, daß schon bald, 1941, eine wunderbare Satire darauf publiziert wurde. In Irisch natürlich. *An Beal Bocht* (The Poor Mouth), was übertragen bedeutet, „jemandes Nachteil ausnutzen". Auch Flann O'Brien schreibt im typischen Stil der Blasket-Biografien, aber um die Satire verstehen zu können, muß man die ernsten Biografien gelesen haben. Flann O'Brien taufte die Gälisch-Experten, die sich Namen wie ‚Gälische Gans' oder ‚Torfsode' gegeben hatten, spöttisch *Gaeligores* und warf ihnen vor, sie seien gekommen, weil es hier die „allerfeinste Armut" (choicest poverty) gab und „die Genauigkeit des Gälischen im Verhältnis zum Mangel an Besitz anwuchs".

Die irische Sprache gehört zur indogermanischen Sprachenfamilie, ähnelt dem schottischen Gälisch und wird auch in Wales (Kumrisch) und der Bretagne (Bretonisch) gesprochen. Zweitausend Jahre war sie die Sprache der Kelten, dann begann mit der Unterdrückung von Religion und Kultur im 16. Jahrhundert auch die Zerstörung der irischen Sprache durch die englischen Kolonialherren. Um 1600 konnte man außerhalb von Dublin noch überall Irisch hören. Die Volkszählung 1851, die auch Fragen zur Sprache stellte, enthüllte jedoch, daß nur noch 23 Prozent diese alte Sprache benutzten, 1871 waren es schon weniger als eine Million Iren. Heute ist das Irische, obwohl offizielle Amtssprache, nur noch die Sprache einer Minderheit von 100.000 Iren, und im Alltag wird sie selbst in den *Gaeltachts* nur noch von knapp 25.000 Menschen tatsächlich gesprochen.

1875 brachte der Sprachwissenschaftler Patrick Weston Joyce ein 600 Seiten starkes Nachschlagewerk heraus: „Irish Names of Places". In ihm kann man auch nachlesen, daß *Bally* von *baile* abgeleitet ist und Stadt bedeutet. Über 6000 Orte in Irland beginnen mit diesem Bally. Jetzt bleibt zu befürchten, daß diese Sprache trotz ihrer Renaissance und den verzweifelten Versuchen ihrer Wiederbelebung auf lange Sicht nur als Hobby betrieben und letztlich nur noch in den Ortsnamen weiterleben wird.

Eine absonderliche Glosse am Rande ist, daß in meiner Heimat, im fernen Australien, die gälische Sprache einst dazu mißbraucht wurde, unerwünschte Einwanderer aus dem Lande zu halten. So mußten sich beispielsweise Chinesen als Intelligenztest einem gälischen Diktat unterwerfen. Beschrieben hat diese Posse der damaligen Regierung Menzies der ‚rasende Reporter' E. E. Kisch in seinem Buch *Landung in Australien*. Auch er mußte sich 1933 als unbeliebter Delegierter eines europäischen Friedenskongresses einem Diktat in Gälisch stellen. Die Affäre geriet zum Skandal, der so schön und so laut platzte, daß er es wert ist, die Geschichte auch hier zu erzählen. Kischs Verteidiger drehte im Prozeß den Spieß um und legte dem Prüfer und vermeintlichen Gälisch-Experten MacKay einen gälischen Text vor und hielt dabei das letzte Wort zu. Konstabler MacKay versuchte sich herauszureden: er wolle nicht übersetzen, weil dies „keine moralische Sentenz" sei. Die Lösung: Es war das *Vaterunser*, das letzte Wort das *Amen!*.

In Kruger's Pub in Dunquin sprechen die Männer tatsächlich Irisch. Guttural und schnell. So ganz verloren ist die Sprache also nicht. Der Pub ist zweifellos die westlichste Kneipe des Kontinents, aber abgesehen von der Tatsache, daß dieser Pub Amerika am nächsten liegt, ist er sicher auch einer der uninteressantesten der ganzen Halbinsel. Belanglos modernisiert, der Beuteltee bitter, und außer gummiartigen Sandwiches gibt es nichts Eßbares, nicht mal eine heiße Fertigsuppe. So sitzen wir und warten. Auf besseres Wetter. Vergebens.

Das Schwanzende des Wirbelsturms *Dean*, der vor einer Woche die USA terrorisierte, hat nun die irische Küste erreicht. Gegen zehn Uhr kommt Sturm auf, obwohl der Wetterbericht (der offensichtlich nur für die Dubliner gemacht wird) noch von sonnigem Wetter spricht, „in der zweiten Tageshälfte Schauer und Wind, der später Sturmstärke erreicht." An eine Überfahrt zu den Blaskets ist nicht zu denken. „Bis Sonntag keine Boote!"

So muß ich mich dieser Insel, von der ich so viel gelesen hatte und die ich schon vom Dumore Head und Slea Head aus sehnsüchtig betrachtet hatte, mit dem Fernglas nähern. Graue Häuserhüllen, die einst mit Nachbarschaft, Wärme und Geschichtenerzählen erfüllt waren – romantisch? Ich

suche den Hang ab nach dem Haus des Bürgermeisters und Postmanns, in dem Synge immer wohnte. Es war gleichzeitig auch das ‚Dail', das ‚Parlament' oder ‚Talking House' der Insel. Ob noch wirkliche Einheimische dort leben? In den 70er Jahren jedenfalls sollen alle Häuser und Cottages für jeweils kaum mehr als 150 Pfund verkauft worden sein – an Amerikaner.

County Clare

Das *Cottage*, ist es nicht eines der stärksten optischen Symbole der Grünen Insel? Ein Klischee, das man schon in der Schule als Markenzeichen Irlands mit auf den Weg bekam: umgeben von Weiden, Mauern und Eseln. Flann O'Brien hatte auch diese Cottage-Idylle in seine bissige Satire mit einbezogen: Lebte nicht jeder wirkliche Ire in einem kleinen, weißgekalkten ungesunden Haus, an einer Ecke des Tales gelegen?

Irische Cottages sind meist Einzelgänger. Ihre Farbe, die typischen Schornsteine im Giebel und das 45-Grad-Dach lassen sie aus dem Grau der Felsen, dem Grün der Weiden herausstechen, und doch sind sie unverzichtbarer Teil dieser Landschaft geworden. Eher schmerzhaft ins Augen fallen die flach gewalmten Wohnhäuser aus dem Musterkatalog, die sich spätestens seit dem EG-Beitritt in die Landschaft quälen. Bungalows nennen die Iren ihre neue Behausung in Abgrenzung zum alten Cottage, das in Sichtweite zerfällt – seines Daches beraubt, um Steuern zu sparen. Umbau oder Anbau stehen nur selten zur Diskussion.

Wir haben gut reden, leben in trockenen, gut geheizten und hygienischen Häusern. Für die Iren bedeuten die Cottages nur Rückschritt, Armut, Nässe, Hunger. Kein Wunder, daß sie sich von ihren ersten Urlaubsfahrten nach Spanien an die Costa Brava auch gleich die Wohnideen mitbrachten: *Spanish Bungalows*, Imitationen von Vorortvillen mit bruchsteingemauerten Rundbögen statt den kleinen Fenstern. Und die dorischen Säulen, die so manchen Eingang markieren, haben die Iren tatsächlich aus der TV-Serie *Dallas* abgeguckt. Große Fenster mit aufgeklebten Fenstersprossen rahmen herrliche Aussichten, aber die Möbel verraten, daß der Fernseher längst gewonnen hat – die Couchgarnituren stehen mit dem Rücken zum Fenster.

Da blutet romantischen Touristen wie uns das Herz, und *Bunratty* wird zum Paradies. Das Museumsdorf, gleich neben der Schnellstraße von Limerick in Richtung Norden, wurde 1989 auch Michael Gorbatschow auf seinem 24-Stunden-Stopover nach New York als ‚typisch irisch' präsentiert. Des guten Stils wegen hatte die Regierung sich noch schnell einen wertvollen Teppich mit einem Muster des ‚Book of Kells' aus Amerika einfliegen lassen. Gorbatschows Frau Raissa besichtigte, von Shannon Airport kommend, das Dorf und die Museumsschule. Am nächsten Tag entbrannte eine heiße Diskussion in den Zeitungen darüber, ob es denn richtig war, einem Gast aus der fernen Sowjetunion barfuß laufende irische Kinder in einer Schulreplika des 19. Jahrhunderts vorzuführen.

Normalerweise versuche ich Folkloreparks zu umgehen, wir sind keine guten ‚Touris'. Aber Bunratty, durch das täglich zahllose Touristengruppen geschleust werden, hat mich nachhaltig beeindruckt. Im Schatten eines mächtigen Normannenburgturms aus dem Jahre 1277 scharen sich Häuser aus allen Regionen der Insel. Donegal Cottages, das Haus eines Fischers der Westküste, Bürgerhäuser. Liebevoll stilgerecht ausgestattet, richtig gemütlich und für 10 Stunden täglich auch von angestellten Museums-Iren bewohnt. Sie backen Sodabrot, kochen die Kartoffeln über dem Herdfeuer, machen all das, was Micro-wave-verwöhnte Kinder (und Eltern) nur noch aus Märchen kennen.

So muß ich auch nicht über Zäune klettern und mich nicht schämen, durch kleine Fensterscheiben zu spähen, um zu erfahren, ob die Häuser noch bewohnt oder ihre Besitzer schon längst in Amerika sind. Ich schaue in dampfende Töpfe, hebe die Deckel gewaltiger Truhen, reibe mich an rauhen Wänden und stoße meine Testfinger in die Matratzen. Und bin zufrieden: das Leben war hart, aber lebenswert.

Wenige Kilometer nördlich von Bunratty liegt Dromoland Castle, heute ein Luxushotel. Gegenüber dem Tor zum Schloßpark fällt dem aufmerksamen Autofahrer auf einer kleinen Anhöhe ein runder, verfallener Steinpavillon auf. Zu seinen Füßen wird alljährlich am Ostermontag ein traditionelles Pferderennen, „Point-to-Point", ausgetragen. Querfeldein-Rennen haben eine lange Tradition in Irland. Im letzten Jahrhundert nannte man diese wilde Jagd über Zäune und Mauern auch „Steeplechase", abgeleitet von den Orientierungs- und Wendepunkten des Rennens: den Kirchtürmen.

Nun regnet es seit Samstag unaufhörlich, es ist unsere erste Dauerregenwoche in Irland. Am frühen Morgen haben die Pommes-frites-Wagen und ein paar Wohnwagen schon ihre Position auf der Wiese eingenommen, und bald reihen sich zahllose Pferdetransporter auf dem Grünstreifen entlang der Nationalstraße und erzwingen ein Stop-and-go des Durchgangsverkehrs. Auf den umliegenden Wiesen markieren weiß-rote Stangen die Strecke für die sechs angekün-

Blick über Finnan's Bay zur Puffin Island und den Skelligs

670 Stufen führen hinauf zum verlassenen Kloster auf Skellig Michael

die Vogelinsel „Little Skellig" beherbergt über 20.000 Seevögel

8 Kilometer lang, 200 Meter hoch ragen die Cliffs of Moher aus dem Atlantik

die letzten Besucher am Abend sind ein paar Ziegen

dieser Pub in Bandon, Co. Cork, hat seine Blütezeit längst überschritten

Pulsschlag einer irischen Kleinstadt

der Amerikaner David probt für eine Session in Fanore

Paddy und John, Hausmusik in ihrem Cottage bei Lisdoonvarna

Tommy, 86, war einst ein berühmter Fiedler an der Westküste

ein Leben für die Fiedel, Tommy vor seinem Haus im Burren

Willy-Clancy-Musikfestival in Milltown Malbay

auf Valentia Island endete einst das Transatlantikkabel

Flug über die Karstlandschaft des Burren

Mauern, Mauern – wie ein Haarnetz überziehen sie die Aran-Inseln

die Aran-Inseln, unwirtliche Steinwüste im Atlantik

Inishmore, die größte
der drei Aran-Inseln

Dun Aengus, Vorzeitliches Ringfort an der Steilküste Inishmores

der Erzbischof kommt nach Inishmaan, Hochwürden und seine Schäfchen

geschmückte Currachs zu Ehren des Erzbischofs von Tuam

St. Brigid's Well, Heilbrunnen bei Liscannor

Bestseller in Irland

Grabschmuck
In Loving Memory

Galway am River Corrib – „spanische" Stadt im Westen Irlands

in lauen Sommernächten treibt's die Pubgäste auf die Straße

Spielhöllen säumen die Hauptstraßen beliebter Badeorte

Salthill, Seebad und Vergnügungsvorort von Galway

„Travellers", Irlands verstoßene Minderheit, wandern mit den Jahrmärkten

Nomadenleben am Rand der Gesellschaft

vier von sechzehn Geschwistern

„Aussteiger"-Leben in der Tradition der „Tinker", Ballinasloe

„Fáilte" – Willkommen! – „Bed & Breakfast" bei Mrs. Phelan

Ballinasloes Horse Fair,
größter Pferdemarkt Europas

„Have a look inside!"

„OK, it's a deal!"

Buchmacher im Dauerregen des „Point-to-Point"-Rennens, Dromoland

Rennbetrieb am Rand
einer Nationalstraße

das Rennen gerät
zur Schlammschlacht

typischer Wohnraum eines Connemara-Cottage, seine Tage sind gezählt

„Gone to America –
back soon!"

Verlassene Häuser
verfallen schnell

Gälisch, längst Sprache einer Minderheit, ist offizielle Amtssprache

Schulkinder an der Straße zu den Klippen von Slieve League, Donegal

Landstraßen in Connemara sind häufig alte Torfstraßen

Esel im Ruhestand, irgendwo in Connemara

Blick über den fjordartigen Killary Harbour hinüber nach Leenane

Michael, Jugendweltmeister im Stepdancing, mit Schwester Catherine

digten Rennen. Gegen 9 Uhr bauen auch die Buchmacher ihre Wettbüros auf: aus der Ledertasche, unter Schirmen und von Teekisten herunter.

Es regnet, regnet in sichtbaren Schnüren und wechselnder Stärke. Mein Regenmantel hält nicht das, was er verspricht, und so fühle ich mich zwangsläufig an die Worte von Thackeray erinnert, der einmal schrieb, daß ein englischer Regenmantel in Irland noch lange kein ‚waterproof' sei. Nach einer Stunde ist die Wiese ein Matschfeld, selbst die Allrad-Geländewagen der Jury können nur mit Hilfe eines betagten Traktors in die gewünschte Position geschleppt werden.

Unter unseren Regenmänteln und in den Wellingtons fühlen wir uns wie Einheimische. Tatsächlich sind einige ‚Locals' sogar mit Straßenschuhen gekommen, ein Fehler, den man/frau schon auf den ersten Metern Wiese verflucht. Die Pumps bleiben einfach stecken und werden sogar in einem Fall der Einfachheit halber aufgegeben. Wer gräbt schon gerne im Matsch nach seinen Schuhen? Das Rennen endet als Schlammschlacht. Schweißnaß und dampfend kommen die Pferde durchs Ziel, und abgesehen vom Sieger sehen die anderen Jockeys aus, als hätten sie sich der Länge nach in den Matsch gelegt, nur am Rücken sind die Jokkeyfarben noch deutlich zu erkennen.

Nach einer regenreichen Nacht fahren wir am Morgen weiter in Richtung Ennistymon, einem kleinen Marktflecken am Cullenagh, berühmt für seine bunten Ladenfronten und Fassaden: Moosgrün, Scharlachrot, Lila, Gelb, die ganze Palette einer Lackfabrik. Läden und Kneipen, mit gekrümmten Fensterscheiben, frisch gestrichen oder aber vergessen, mit blätterndem Lack und rostigen Gittern. Einigen Häusern sind die Fenster vernagelt, und sie wirken wie faule Zähne in einem neuen Gebiß. Wer der Besitzer sei? Der lebe schon 10 Jahre in den USA. Er ist einfach abgereist, Tür abgeschlossen, einfach abgereist.

An Markttagen parken die Bauern ihre Anhänger entlang der Hauptstraße – Gemüse, Fisch, ein paar Rinder, nichts Besonderes. Grund genug, auf ein paar Pints in den Pub einzutauchen, bevor man sich in die lange Schlange der *Social Welfare*, der Sozialfürsorge stellt. In einem Restaurant gegenüber vom Arbeitsamt gibt's Kuchen, Sandwiches, leckere Scones und als Mittagstisch Brathähnchen mit Pommes. Einen älteren Mann, der uns am Nebentisch den Rücken zukehrt, halten wir wegen seiner Gummistiefel, der Mütze und seines grauen, schweren Mantels für einen Landwirt. Er ißt hastig, und während er Kartoffeln und Hähnchenschenkel verschlingt, greift er auch immer wieder in die Tiefen seiner Manteltasche, um sich aus einem Flachmann mit einer amberfarbenen Flüssigkeit zu stärken. Er hat ein Paar ausladende Henkelohren, die hinten vom Torffeuer seines Cottages schwarz und rußig sind. Nur dann, wenn er sich herumdreht, um verschämt nach seiner Flasche zu suchen, erkennen wir sein Gesicht: sauber gewaschen und mit einem leichten Glanz. Aber nur so weit, wie der Spiegel reicht – einer dieser unzähligen Junggesellen.

Von Ennistymon ist in wenigen Minuten Fahrt die Küste erreicht: Lahinch. Dem Ort ist nicht anzusehen, daß ein Herr John P. Holland, der Erfinder des Unterseeboots, von hier stammt. Ein kleines Straßenschild weist auf ein anderes, folgenschweres Ereignis in der militärischen Seefahrt hin – aber nur den, der seine Geschichtsbücher aufmerksam gelesen hat: *Spanish Point*.

Im Mai 1588 war die ‚unüberwindliche' spanische Armada mit 129 schweren Segelbarkassen (über die Hälfte davon hatten über 700 Tonnen), 19.295 Soldaten und 8460 Matrosen (die Galeerensklaven nicht gezählt) gegen England gesegelt. Dem englischen Admiral Francis Drake gelang es jedoch mit völlig unterlegenen Kräften, die Spanier vernichtend zu schlagen. Auf der Flucht in den Atlantik verloren die Spanier in schweren Herbststürmen vor der irischen Westküste noch einmal 25 Schiffe. Ihre Karten zeigten den Küstenverlauf allzu geradlinig. Die protestantische Welt jedoch wertete die Katastrophe als göttliches Omen gegen den Papst und seine spanischen Inquisitatoren.

Traditional Music

Nur wenige Kilometer von Spanish Point entfernt liegt ein kleiner, unscheinbarer Flekken, zu dem alljährlich im Sommer Musiker aus aller Welt pilgern: Milltown Malbay. 1989 jährte sich die *Willie Clancy Summer School* zum 15. Mal. Die Volksschule, die Schulräume des Convents, der Gemeindesaal, die Kneipen und umliegenden Wiesen können den angereisten Strom von Fans bald nicht mehr fassen.

Kaum zu glauben, daß vor 50 Jahren die irische Musik schon als ausgestorben galt. *Singing Pubs* waren so gut wie unbekannt, und die berühmten *O'Donoghue's* oder *Slattery's* wurden erst Ende der 60er Jahre zu Musikkneipen. Ja, in den meisten Kneipen war Singen und Musizieren vor 25 Jahren sogar ausdrücklich verboten. Heute lockt jeder Wirt mit *Music tonight* zusätzlich Gäste an seine Theken.

Ihren Höhepunkt hatte die irische Volksmusik in den 70er Jahren. Damals eroberte die *Irish Folk Music* auch Westdeutschland im Sturm: Die Fureys, die Dubliners, Planxty, sie alle spielten in ausverkauften Hallen und in den Sommerferien strömten die Fans zurück in das Land der Fiedler und Piper. Dieses Popularitätshoch hat sich zwar wieder abgebaut, aber nach wie vor gilt irische Volksmusik als die populärste Folk-Richtung in Deutschland.

Während dieser Woche in Milltown Malbay wird pausenlos gespielt und geredet – über Musik natürlich, über Tonarten, Griffe, die besten *jigs* und *reels*, oder ob nun eine neue oder eine Second-hand-Geige besser klingt. Die Klassen sind bunt gemischt. Braungebrannte kalifornische Beachgirls neben blassen Beamten aus Dublin, französische Hippies, zehnjährige Jungs mit Sommersprossen, deutsche Lehrer und eine Hausfrau aus Bremen. Sie alle sitzen in hellblauen und senffarbenen Klassenräumen beisammen und wollen nur das eine: fiedeln. Von nebenan hallt das durchdringende Spiel von Dudelsäcken. Die Konzertflöten haben sich in die Turnhalle und die umliegenden Umkleideräume zurückgezogen, im Obergeschoß proben die *Tin Whistlers*. Die kleinen Blechflöten bilden die größte Klasse, das liegt sicher am Preis des Instruments – oder auch am Gewicht.

Eine Harfenklasse fehlt, obwohl doch die Harfe bis 1916 Irlands Landeswappen auf grünem Grund darstellte. Aber das gewichtige Saiteninstrument war nie ein Instrument der Volksmusik, sondern immer abhängig von der Patronage der irischen Aristokratie und verschwand auch mit ihr von der Bildfläche.

Nach dem Unterricht treffen sich die Erwachsenen zum Musizieren in den Pubs, die Jugendlichen (wegen des Alkoholverbots) auf den Straße unter Laternen, in Hauseingängen und vor beleuchteten Schaufenstern. Im Mittelpunkt der ‚Sessions' stehen meist die Geigen. Ansonsten dominieren Konzertflöten und natürlich jede Menge *Tin Whistles*, häufig auch eine Bodhran-Trommel. Dudelsäcke sind wegen des schwierigen Spiels seltener. Bis ins 19. Jahrhundert galten die *Uilleann Pipes* (uille = Ellbogen) als *das* irische Instrument. Es ist ein Dudelsack, der

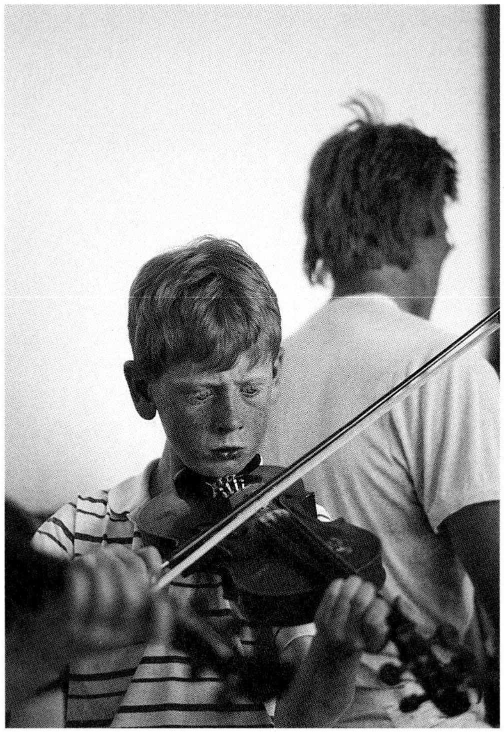

im Gegensatz zu den schottischen *Warpipes* nicht mit der Lunge, sondern mit dem Ellenbogen betrieben wird.

Anders als die ‚Uilleann Pipes' hat die Fiedel keinen irischen Ursprung, sie kam vermutlich im 18. Jahrhundert mit Travellern und ‚Kesselflickern' über Wales oder Schottland nach Irland. Es ist eine ganz normale Standard-Violine, die allerdings nicht in klassischer Art gespielt wird. Es gibt keine vorgeschriebene Haltung, einige klemmen sich die Geige unters Kinn, andere pressen sie gegen die Brust, den Oberarm oder gar die Hüfte. Der Hals der Geige wird leicht mit der linken Hand unterstützt, gibt den Fingern viel Spielraum. Der Bogen wird leicht am Ende gegriffen, manchmal auch zur Mitte hin.

Im 18. Jahrhundert war die Geige schon so beliebt, daß sich Spieler damit ihren Lebensunterhalt verdienen konnten. Die Famine jedoch machte auch der Volksmusik fast den Garaus. Wandermusikanten verkamen zu Bettlern. Wer konnte es sich schon leisten, Geld für Musikanten auszugeben? Oft waren es blinde Fiedler, die ohnehin arbeitsunfähig waren. Mit wachsendem Nationalbewußtsein erwachte auch die *Traditional Music* wieder zu neuem Leben und brachte legendäre Spieler wie Denis Murphy und Michael Coleman hervor.

Als jedoch Michael Coleman 1916 in die USA auswanderte und dort Schellack-Schallplatten produzierte, waren seine ‚78-Singles' wiederum der Tod vieler Fiedler. Denn Michael Coleman war mit seinem klaren, temperamentvollen, gypsyähnlichen Sligo-Stil so brillant, daß die Leute sich für eine Hochzeit oder ein Fest lieber ein Grammophon kauften oder ausliehen, als einen heimischen Fiedler zum Aufspielen der ‚jigs' (Solo-) und ‚rigs' (Paartänze) zu bestellen. Denn im Gegensatz zu heute war die *Traditional Music* keine Musik zum Zuhören, sondern zum Tanzen. Auf den unbedarften Nur-Zuhörer vom Kontinent wirken die sich immer wiederholenden Taktfolgen auf die Dauer eintönig, wie ein Lied ohne Ende.

Fisher Street oder *Doolin*, nur ein paar Kilometer nördlich der berühmten *Cliffs of Moher*, ist schon seit Jahren das Mekka für Folk-Touristen. Drei Kneipen, ein Musikladen, drei, vier Restaurants, ein paar Privathäuser und vier Jugendherbergen bilden die Ortschaft. An einem Freitagabend ist *O'Connor's Pub* so unerträglich überfüllt, daß man von der Musik selbst dann nichts hört, wenn man in Sichtweite der Spieler steht.

Samstagnachmittag, schwere Regenschauer und dunkler, konturenloser Himmel – ein idealer „Kneipentag". Im O'Connors ist es nur viertel so voll wie am Vorabend, und es wird auch nur halb so energisch getrunken. Tagessuppen und infrarotgetoastete Sandwiches werden geordert, und auch Micho läßt sich zu ein paar *tin whistle*-Einlagen überreden. Das fördert den Verkauf seiner Kassetten. Micho, von schwerer Statur und mit den Beinen eines Farmers, spielt einen einfachen, vergnüglichen Stil – bei dem auch die Augen mitspielen. Vor sieben Jahrzehnten wurde er in Doolin geboren, und irgendwie scheint er schon zum Mobiliar der Musikkneipe zu gehören.

Er ist auch einer der wenigen Musiker der Gegend, die einmal den Sprung ins Ausland geschafft haben. Neunmal war er in Deutschland, fünfmal in Frankreich und sogar in Amerika. Aber reich ist er dabei nicht geworden. Wenn er von einer Tournee mit tausend Pfund zurückkehrt, ist er froh. Nun lebt er zusammen mit seinem Bruder in einem renovierten Cottage am Hang oberhalb von Doolin ein typisch irisches Junggesellenleben.

John und Paddy, denen wir im O'Connors begegnen, waren weder auf Tourneen, noch gibt es sie in Polyvinyl gepreßt. Aber sie spielen seit Jahrzehnten in den Pubs der Westküste, in Doolin, Liscannor, Ennistymon und Ennis, den Hochburgen der ‚Traditional Music'. Sie spielen ihren schwermütigen *Clare-Style* für ein paar Pfund, häufiger nur für ein paar Pints.

Fährt man von Doolin über den Berg in Richtung Cliffs of Moher, im Prinzip immer parallel zur Küste, irgendwo vor Liscannor dann links über den Berg, dort leben sie, in einem blaßblauen Cottage, Junggesellen wie aus dem irischen Bilderbuch. Das Haus muß so um die 200 Jahre alt sein, ihr Großvater besaß es schon. Der Vater starb vor 42 Jahren. Drei Räume, rauchender Kamin, und

statt eines Esels steht seit ein paar Monaten ein Toyota Starlet vor der Tür. Die niedrige Haustür führt unmittelbar in die Wohnküche, das Wohnzimmer, das von zwei kleinen Fenstern nur spärlich erhellt wird. Es riecht streng nach Torf und Feuer.

Der Fußboden besteht aus großen Natursteinplatten. Johns Lieblingsplatz ist ein ausladender orangefarbener Vinylsessel gleich neben dem offenen Kamin. Neben einem großen Holzschrank steht ein Tisch mit Fernseher, auf einem zweiten Tisch gegenüber zwischen den Fenstern liegen Lebensmittel. Einen Kühlschrank haben die beiden nicht, elektrisches Licht erst seit fünf Jahren. Auch ihre Diät ist eintönig: Weißbrotscheiben aus der Familienpackung, ‚Easy-spread'-Margarine, Eier, Marmelade. Dann ein Karton Teebeutel, eine ausgebeulte Tüte Zucker. Als warme Mahlzeit kochen sie sich täglich in einem schwarzen Eisenkessel über dem Feuer Kohl und Kartoffeln aus dem Garten. Wie im Folkloremuseum in Bunratty.

Irisch sprechen sie erstaunlicherweise nicht: „Not one word! – Als wir zur Schule gingen, bekamst du fürchterlich Prügel, wenn du Irisch gesprochen hast. Sie haben dir ein Stück schmutzigen Stoff in den Mund gestopft." Schule, das war Qual, und sie waren froh, schnell wegzukommen. Viele berühmte Musiker des Westens konnten weder Noten noch die Bibel lesen.

Die Kamine ihres Nachbarn rauchen nicht mehr. Der Besitzer hatte vor vier Jahren nicht einmal die Haustür abgeschlossen, war einfach nur weggegangen, mit einem Koffer – nach Amerika. Das ist ebenso typisch, wie der Gedanke abwegig gewesen wäre, das Haus zu verkaufen. Man verkauft die Erde seiner Eltern nicht. Gut, das Haus zerfällt in ein paar Jahren, Feuchtigkeit erobert die Mauern, und vielleicht werfen ein paar Kinder die Scheiben ein. Dann schimmeln die Matratzen, später fallen die gerahmten Drucke vom Offenen Herzen Jesu oder der Mutter Gottes von der Wand. Zwei, drei Jahre später reißt der Sturm das erste Stück Dachhaut (Stroh, Blech oder Ziegel) herunter, die ersten Pfetten geben nach, Moos und Schlingpflanzen erobern den Ort – eine Ruine. Aber verkaufen? Niemals!

„Warum gibt es so viele Junggesellen?" fragt Karl die beiden *bachelors*. „Es gab einfach keine Frauen", lacht John, „sie sind nach England oder Amerika gegangen, als Nonnen, als Krankenschwestern und meist zum Heiraten. Wer will schon einen Burschen heiraten, der mit seiner Mutter und dem Bruder lebt, hier oben im ‚Bog'?" John sagt dies ohne erkennbare Verbitterung, und Paddy gibt sein verschmitztes Lachen dazu. „Das ist einfach so in Irland." Im Umkreis von wenigen Kilometern leben Dutzende von Junggesellen, obwohl doch das Örtchen Lisdoonvarna (berühmte Eheschmiede für Unverheiratete) fast in Sichtweite liegt.

„Wir hatten zwei Schwestern, eine lebt in Amerika, die andere wurde von einem Auto überfahren." John steht vor dem Kaminfeuer, und mit seinem Brotmesser in der Hand beginnt er eine dramatische Erzählung eines tragischen Todes: das naßkalte Winterwetter, die Ohrenschützer, die das Hören erschwerten, die Hecken, die die Sicht verdeckten, das Auto, das… Er schlägt mit der Faust gegen die Wand, und erzählt, schneidet, erzählt, und schneidet uns immer neue Scheiben Rosinenbrot. Aus dem Supermarkt natürlich, Hausgemachtem haftet in Irland noch immer der Geruch der Armut an.

Nun richtig in Fahrt, erzählt er den Tod des dritten Bruders – wie ein geborener ‚Story-Teller' und ohne Übergang folgt die Geschichte von dem Brief nach Deutschland. Das war vor 10, 11 Jahren. Jemand hatte Johns Flöte gestohlen, und nun wollte er eine Querflöte („German Flute") bestellen. Ein Freund hatte ihm den Brief geschrieben, aber eine Antwort war nie gekommen. Wollt Ihr Euch den Prospekt nicht mal ansehen? Im abgegriffenen Katalog sind Flöten aller Größen und Tonarten abgebildet, ganz klein entdecken wir die Jahreszahl 1936 und die Adresse der Fabrik: Dresden. Im Mai 1989 rieten wir ihnen noch von einem weiteren Brief ab.

Nur wenige Meilen nordwestlich von Doolin erheben sich die Karstrücken des *Burren* – zerklüftete, abgeflachte Tafelberge, unter denen sich das Regenwasser in unterirdischen Flüssen und Seen sammelt. Steinerne *Dolmen* zeugen stumm von vorgeschichtlicher Besiedlung. Der Burren, Symbol des unfruchtbaren Westens, über den Cromwells Gefolgsleute zynisch spotteten: „Zu wenig Wasser, um einen Mann zu ertränken, zu wenig Bäume, um ihn zu hängen, keine Erde, um ihn zu begraben."

Heute gilt der Burren als seltenes Pflanzenparadies: mediterrane, arktische und alpine Pflanzen sind hier in einem ‚botanischen Garten' der Natur vereint. Die Ritzen und Spalten des Kalkgesteins, welches die Sonnenwärme speichert, schaffen ein natürliches Treibhausklima und bieten Zwergorchideen, Enzian, Anemonen und Veilchen ausreichenden Windschutz.

Oben im Burren wohnt ein anderer alter Clare-Fiedler, der vor Jahren als einer der besten im Westen galt: Tommy Doolan. Sein hohes Alter und die von Rheuma und Gischt gebeutelten Hände hindern ihn am Spielen. Er bewohnt mit seiner Frau ein Cottage hoch in den seitlichen Ausläufern des Burren, an der *Bog Road*, der Zufahrtstraße, auf der die Bewohner im Sommer den Torf aus dem Moor nach Hause karren. Kurz: am Ende der Welt. Ein kleines, blaßgelbes Häuschen, die obligatorischen Steinmauern, eine Kuh im Stall und ein Gemüsegarten. Zwei Fenster mit grünen Rahmen und eine niedrige Tür nach Südwesten – die typische Fassade eines malerischen Clare-Cottages, das von seinen Bewohnern einen hohen Preis forderte: Auch Mrs. Doolan leidet an Arthritis, sie hat's in den Beinen, die nun nach 70 Jahren ihren schweren Körper nicht mehr tragen wollen.

Tommy ist im Gegensatz zu seiner Frau sehr klein, fast zierlich, mit großen Ohren, die einst jede Tonlage heraushörten. Seine blauen Augen sprühen noch voller Leben, und nun lacht er schon beim Gedanken, daß jemand extra den Weg in den Bog gekommen ist, um sein Fiddeln zu hören. – „Er ist taub, er hört nicht mehr gut", lacht seine Frau, „er hört nur noch seine Fiddel!" Da lacht auch Tommy wieder sein zahnloses Lachen und öffnet den Geigenkasten. Mit unendlicher Zärtlichkeit hebt er seine geliebte Geige heraus, prüft den Bogen. „Oh goodness t'night!" murmelt er wieder und wieder. Und dann fiedelt er los, hört einfach nicht mehr auf mit seinen ‚jigs' und ‚reels'. Seine arthritischen Hände halten liebevoll den locker gespannten Bogen, seine Finger sausen über den Hals der Geige. Und es scheint, als bemerke er uns gar nicht mehr.

Wir sitzen in der Küche, der guten Stube des Zweizimmer-Cottages. Hier findet alles seinen Platz, was für sie von Wert ist. Auch ein Sack Zement steht neben der Tür im Trockenen. Zwischen Tisch und Tür steht ein Papiersack voller Grundnahrungsmittel: Toastbrot-Packungen, Margarinetöpfe und Pappcontainer mit H-Milch, die einmal in der Woche der Grocer mit dem Lieferwagen vorbeibringt. Denn Einkaufen können die beiden nicht mehr. Eine Tür führt zum Schlafzimmer, in einem Regal stapeln sich wild Tassen und Teller, die aufzuräumen Mrs. Doolan nicht mehr die Kraft hat. Nur noch selten, wenn die Nachbarn oder Kinder sie einmal mit dem Wagen abholen, kommen sie in die Flecken, zur Kirche oder in den Pub. Galway wird nur am Rande erwähnt.

Galway

Galway, an der Mündung des Corrib gelegen, kosmopolitisches Geschäftszentrum des Westens, die ‚spanischste' Stadt Irlands. Gegründet von anglo-normannischen Eroberern, hatte sie im Mittelalter 14 Stadttore, 14 Kirchen, 14 Hauptstraßen, beherrscht von 14 mächtigen Familien, die Cromwell die 14 *Tribes* (Stämme) nannte. Die Hafenstadt lebte vom Handel mit Flandern, dem Baltikum, Frankreich und vor allem Spanien. James Joyce's Beobachtung, man begegne in Galway immer noch dem spanisch dunklen Hauttyp, konnten wir allerdings nicht nachprüfen. Denn im Sommer mischen sich die 47.000 Bewohner mit einer unüberschaubaren Touristen-Armada.

Christopher Kolumbus soll in der Kirche des heiligen Nikolaus von Myra (dem Schutzheiligen der Seefahrer) ein letztes Mal gebetet haben, bevor er sich auf die Reise nach Amerika begab. Von den Seefahrern der westlichsten Hafenstadt Europas erwartete Kolumbus, so behaupten die Galwayer, genauere Informationen über den Seeweg in die ‚Neue Welt'. „Wir haben viel Bemerkenswertes gesehen", soll Christoph Kolumbus in seinem Tagebuch über Galway vermerkt haben. Ob es sich dabei tatsächlich um die irische Stadt handelt, ist umstritten. Unwahrscheinlich ist der Besuch des ‚Entdeckers von Amerika' allerdings nicht. Es hatte sich herumgesprochen, daß Galway über erfahrene Seefahrer verfügte, und daß einigen Iren (z.B. dem heiligen Brendan) die Passage in die gesuchte Neue Welt sogar mit winzigen Booten aus Leder und Holz gelungen war. Auch die *Galway Hookers*, wendige Segler, die in ihrer Form eher an arabische Nilschiffe als an normannische Vorbilder erinnern, bezeugen die weitreichenden Seekontakte der Galwayer.

Der *Spanish Arch* ist einer der wenigen Überbleibsel der alten Stadtmauern und Tore, die Cromwell mitsamt der Kirchen hatte schleifen lassen. Nur die Kirche des Heiligen Nikolaus überlebte als Pferdestall der Invasoren. Schon 1473 war die Stadt durch einen Großbrand zerstört und im ‚spanischen Stil' wiederaufgebaut worden. Heute ist vom mittelalterlichen Galway nur noch wenig erhalten. Der wirtschaftliche Niedergang um die Jahrhundertwende hatte die Handelshäuser zerfallen lassen, den Rest besorgten ignorante Stadtväter in den letzten Jahrzehnten mit der Planierraupe. Schon Joyce schrieb in einem Brief an seine Nora von der „sterbenden Stadt im Westen". Und auch seine Erzählung *Die Toten* endet nicht zufällig in Galway.

High Street und ihre Verlängerung, die Quay Street, bilden die Hauptschlagader durch die Reste des historischen Stadtkerns, in dem Lynch's Castle, das heute eine Bank beherbergt, kaum ins Auge fällt. Donegal Tweed, Aran-Pullover, Claddagh-Ringe und Ansichtskarten bestimmen die Auslagen der Geschäfte. Aus Galways berühmtestem Pub *The Quays* tönt werbewirksam ‚Traditional Music'.

Tom Kenny's, ein antiquarisches Bücherparadies, ein Bücherturm über drei enge Geschosse und auch McDonagh's Fishshop sollten hier erwähnt werden. Letzterer ist tagsüber ein Fischgeschäft. Abends wird an einfachen Holztischen garantiert frischer Fisch serviert. Ein halber Hummer mit Knoblauchsauce kommt für knapp 9 Pfund, ein Lachsfilet für 5 Pfund auf den Tisch. Alkoholische Getränke kann man sich in diesem BYO-Restaurant (Bring Your Own) selbst mitbringen, ohne Korkengeld.

In anderen Ländern würde eine solche Bewirtung nur am Rande erwähnt. Anders auf einer Insel, auf der es, von den zahllosen Fish'n'Chips-Abspeisungen einmal abgesehen, kaum Fischrestaurants gibt. Obwohl kein Ire mehr als 100 Kilometer vom Meer entfernt lebt, gehörte Fisch bislang nicht zur Diät der Inselbewohner. Sicher, Forelle, Hecht oder Lachs wußten die Angler schon immer zu schätzen, aber Seefisch und Muscheln – nein danke. Auch Fischmärkte fehlen bislang im Alltagsbild Irlands. Fisch kommt, wenn überhaupt, nur als tiefgefrorene Filets oder Fischstäbchen auf den Tisch.

Die Iren waren nie ein Volk von Fischern. Schon die Menschen, die zehn Kilometer landeinwärts lebten, verband ein tiefes Mißtrauen gegenüber allem, was aus dem Meer kam. Mit Fisch und Muscheln verbindet der Ire noch heute die ‚Zwangsnahrung' aus den Zeiten der *Famine*. Muscheln wurden erst im Angesicht des Hungertods heruntergewürgt, und Fisch war in diesem katholischen Land immer nur gut für die Freitagsspeisung oder die Fastenzeit.

An Fischern hatte es in Galway zwar nie gefehlt, an das Gälisch sprechende Fischerdorf vor den Toren der Stadt erinnert heute nur noch der Name. Der *Claddagh* (flacher Steinstrand) war 1937 niedergewalzt worden, um Platz für ‚verbesserte Wohnverhältnisse' zu schaffen. In ‚Letters from West of Ireland' überliefert uns A. I. Shand 1884 folgendes Bild: „Die Straßen zwischen niedrigen, strohgedeckten Häusern kreuzen sich in unregelmäßigen Winkeln. Die Straßen sind irgendwie gepflastert, aber die Pflastersteine sind leicht aufzunehmen und in Geschosse zu verwandeln. Die Cottages, obwohl sie beengt aussehen, wirken nicht ungemütlich. Manchmal eine Tür mit einem Fenster, öfter jedoch ein Raum auf beiden Seiten des Eingangs. Die Männer sitzen in großen Gruppen auf rauhen Bänken aus Treibholz, quatschend, rauchend, nachdenkend, in gelassener Gleichgültigkeit gegenüber dem durchnässenden Nieselregen – obwohl ekelhaftes Wetter, ist es doch passables Fischerwetter. Mir wurde erzählt, daß sie – solange sie etwas im Hause haben – nicht zum Fischen rausfahren, gleichzeitig sind sie Sklaven unsterblichen Aberglaubens."

drei weiße Wale

Zehn Kilometer vor der Küste Galways liegen – wie drei gestrandete Wale im Atlantik – die *Aran Islands*. Seit fast 4000 Jahren sind sie bewohnt. 1500 Menschen leben heute auf dieser Verlängerung der Karstlandschaft des Burren, die sich nach Westen in bis zu hundert Meter hohen Kliffs über dem Atlantik auftürmt.

Überzogen sind sie von einem Netz von Steinmauern. Mauern, Mauern, Mauern. Grobe Schätzungen sprechen von 240.000 Meilen Mauern in Irland und 11.000 km auf den Aran-Inseln. Mauern sind in Irland kein Ausdruck der Trennung oder gar von Besitzansprüchen, eher der von kollektiver Arbeit, um Weiden und Äcker zu schaffen. Sie entsprangen der Notwendigkeit, Steine beseite zu räumen, welche die Eiszeit hier liegengelassen hatte.

So ist das Mauern ohne Mörtel, das Stapeln von Steinen, hier zur Kunst geworden. Aus der Vogelperspektive wirken die Mauern wie eine durchgeschnittene Honigwabe. Von nahem betrachtet, sind sie alle sehr verschieden und zeugen von unterschiedlichen Stilen, Steinen, Fähigkeiten. Einige beginnen mit riesigen Wackersteinen wie ein Zyklopenmauerwerk und enden mit kleinen runden Steinen, andere sind schlank und gleichmäßig. Die Mauern widerstanden den Stürmen der Zeit, sind aber gerade so instabil, daß sich Ziegen nicht darauf wagen, um sie zu überwinden.

Erst nach genauem Hinsehen entdeckt man dort, wo die Mauern ein wenig niedriger sind, die *gaps*, die Tore, die mit wenigen Handgriffen durch ein paar größere Steine verschlossen werden können, gekrönt von Fundsachen aus dem Meer, einem alten bleichen Walknochen, Treibholz, verrosteten Schiffsteilen oder kleinen Plastikfässern – einfach alles, was Platz wegnimmt und irgendwo nutzlos herumlag.

Die ersten Siedler kamen nicht wegen des einfachen Lebens. Es gab dort nie Land, wie wir es uns vorstellen – mit Erde, Pflanzen und der Hoffnung auf Ernte. Unter den Steinen wartete der blanke Fels, Karstgestein, eine Steinwüste. Mit Lagen von Seetang, Sand und Erde bildeten die Menschen den ersten Bodenersatz, vermischt mit ein wenig Erde, welche die Bewohner aus Karstspalten herausgekratzt hatten – wie Synge betont, „mit der Sorgfalt von Arbeitern einer Goldmine". Größere Spalten mußten mit kleinen Steinen versiegelt werden, um das Wegwaschen der wertvollen Erde zu verhindern. Es gibt weder Frischwasser auf den Inseln geschweige denn Brennmaterial, kein Öl, Holz, Torf oder Kohle. Der Torf wurde über Jahrhunderte mit den ‚Galway Hookers' auf die Inseln transportiert. Auch getrockneter Kuhdung diente – ähnlich wie in Wüstengegenden – als Brennmaterial. Heute lagern Paletten von Gasflaschen und Kohlesäcken am Pier.

Inisheer (Inis Oirr), die östlichste, kleinste und dem Festland am nächsten gelegene Insel wird von kleinen Fischerbooten von Doolin aus angelaufen, „10 Pound Return". Als Landratte in diese kleinen, zerbrechlich aussehenden, Currachs zu steigen, um (wenn auch nur kurz) in die Gewässer des Atlantiks vorzudringen, ist mir unheimlich. Beim Einsteigen machen wir Fremden all diese nervösen Witze von One-Way-Ticket, Lebensversicherung und Schwimmtraining. Aber schon J. M. Synge wurde 1907 bei der Recherche zu seinem Schauspiel *Playboy of the Western World* von den Einheimischen gewarnt: „Ein Mann, der keine Angst hat vor dem Meer, wird bald ertrinken."

Etwa 200 Meter vom Pier entfernt steigen wir schon wieder um auf eine kleine, seetüchtige Insel-Fähre. Allen voran eine Gruppe wild gestikulierender und gälisch sprechender Inselfrauen, die von einem Tagesausflug nach Blarney Castle zurückkehren. Daß sie alle den ‚Stein der Beredsamkeit' geküßt haben, ist offensichtlich. Mit ihrem Geschwätz, Lachen und Johlen haben sie das Deck fest im Griff.

Es ist ein kalter Aprilmorgen – mit blauem Himmel, ein paar Baumwollwolken und klarer Sicht. Vor Inisheer werden wir in Rufweite des Piers wieder von einem Fiberglas-Currach aufgenommen. Schulmädchen weisen den Weg zur nächsten, besten, billigsten, saubersten Herberge. Am Strand liegen ein paar (wie schwarze Armadillos) umgedrehte echte Currachs. Sie bestehen aus einer Konstruktion aus Leichtholzspanten, die mit einer dünnen Holzschalung, geteertem Leinen (früher wurden alte Säcke benutzt) und ein paar Spritzern Weihwasser seetüchtig gemacht wird. Mit ihrer leicht nach oben gedrückten Nase bezwingen diese ‚hochnäsigen' Leichtgewichte selbst die haushohen, unberechenbaren Wellenberge der Westküste und sind billig zu warten. Besonders wichtig ist: sie sind leicht und beim Anlanden an der ungeschützen Küste schnell in Sicherheit zu bringen.

Der erste alte Mann, der uns begegnet, ist eine dieser klassischen Gestalten aus dem Bilderbuch: weite *homespuns* (Hosen aus hausgesponnenem Tuch), schwarze Jacke, Weste, Mütze und Gehstock. So, wie Synge sie schilderte: „Die Männer tragen drei Farben: die natürliche Wolle und Indigo, dann ein graues Flanell, das abwechselnd aus einem indigofarbenden Faden und Naturwolle gewoben wird. Auf Aranmore haben viele der jüngeren Männer das übliche Fischer-Jersey übernommen, aber auf dieser Insel habe ich nur einen gesehen."

Sein weiß-braun gescheckter Hund läuft auf der Mauerkrone voraus, geschickt balancierend, immer auf der Ausschau nach Kaninchen. Zuerst ein kurzes „Ay!", dann ein Wetterkommentar auf englisch, und schließlich ein paar Fragen in dieser Reihenfolge: „Woher kommt ihr? Seid ihr Katholiken? Wir auf der Insel sind alle katholisch. Seid ihr verheiratet? Wie lange? Wie viele Kinder?" Er hat ein großes, rotes und rundes, gemütliches Gesicht, und seine Augen sind gerötet, als hätten sie sich nach 70 Jahren immer noch nicht an das Torffeuer gewöhnt.

Einige der Mauern sind höher als wir, und so hören wir zuerst nur ihr schnelles gälisches Gebrabbel. Zwei alte Ladies, die uns auf Irisch begrüßen, dann aber ins Englische wechseln. Wieder diese Fragen nach Herkunft, Hochzeit, Religion und Niederkunft – und abschließend die Frage nach der Unterkunft. Und da wir unzufrieden sind mit unserer ‚modernen' Pension, muß uns Brigid nicht lange überreden. „Mein Haus ist das erste auf der rechten Seite – sieben Pfund das B+B – und wenn Sie Pullover wollen, ich habe die besten der Insel.“ Die weißen Pullover mit dem typischen Strickmuster, Markenzeichen der Insel, finden weltweite Verbreitung. Einst dienten die verschiedenen Strickmuster (der ursprünglich mit unbehandelter, wasserabweisender Wolle gestrickten) Pullover als Familien-Paß – als letzte Identifikation eines Fischers, wenn die See wieder mal Opfer gefordert hatte.

Brigid hat eine wunderbar rosige, weiche Haut und verschmitzte Augen. Trotz ihres Alters wirkt sie attraktiv, und obwohl zahnlos, spricht sie in einer klaren, weichen Sing-Song-Stimme. Wir fragen zurück: Spinnt sie ihre eigene Wolle? Nein, das war einmal. Damals saßen wir alle zusammen und spannen, erzählten. Wir machten alles selbst, Kleider, Jacken und die Hosen der Männer. Heute kommt die Wolle aus Donegal.

Die Inselwale im Atlantik führen heutzutage ein Doppelleben. In den kurzen touristischen Sommermonaten werden sie von Besuchern schier überrannt. Ansonsten, vor allem im Winter, sind sie vergessen. Im August sind wir also nicht die einzigen mit Ziel Aran Islands. Statt von Galway haben wir die Überfahrt vom 30–40 Auto-Minuten von Galway entfernten Rossaveal gewählt. Von dort dauert die Überfahrt nach Inishmor statt 1 Stunde nur 35 Minuten und kostet hin und zurück nur 12 Pfund. 25 Minuten Zeitersparnis sind auf bewegter See eine lange Zeit. Fast die Hälfte der Passagiere greift notgedrungen auf das Serviceangebot plastikverstärkter Papiertüten zurück.

Hunderte von Besuchern kommen an einem Sommertag nach *Inishmor*, der größten und touristisch attraktivsten der drei Schwestern. Sie bietet die höchsten Klippen, ein gigantisches prähistorisches Fort und diverse Kapellen. Am Pier in Kilronan warten Minibusse, um die Neuen zu *Bed and Breakfast* zu fahren, und vor den Schuppen der Fahrradverleiher bilden sich fast hundert Meter lange Schlangen.

Mit einem dieser Leih-Drahtesel ist das prähistorische Ringfort *Dun Aengus* in einer gemütlichen Stunde erreicht. Drei hufeisenförmige Mauerringe öffnen sich zum Meer und bilden mit der neunzig Meter hohen Steilküste eine seinerzeit wohl uneinnehmbare Festung. Zwischen den einzelnen Mauerringen sind zur besseren Verteidigung extrem scharfkantige Steinblöcke aufgerichtet, quasi als *spanische Reiter*. Eigentümlich ist nur, daß es trotz seiner Größe keinen Eingang in die Geschichten der Inselbewohner fand. Vor 100 Jahren trafen Sprachforscher nur noch einen alten Mann, der sich an den ursprünglichen Namen der Festung *Doon Eeneece* erinnern konnte. Der heutige Name ist nur eine Verballhornung durch frühe Besucher, die kein Gälisch sprachen.

Obwohl ich *Man of Aran* persönlich noch nicht gesehen hatte, waren mir die Aran-Inseln schon lange durch die Kritiken des expressionistischen Schwarzweißfilms von Robert O'Flaherty bekannt. Nun überrascht mich, daß dieser 1934 gedrehte Film, der die Aran-Inseln (neben den weißen Pullovern mit dem typischen Strickmuster) weltweit bekannt machte, zweimal täglich im Gemeindesaal gezeigt wird. Neun Zuschauer, flackernde Bilder eines schwachbrüstigen Filmvorführgerätes auf grauer Leinwand. Aber die Message bleibt unvergeßlich: gigantische Wellen, die nach Tausenden von Kilometern, gepeitscht von Winterstürmen, ungebremst aufs Festland prallen, turmhohe

Gischt - Licht und Wasser in einer dramatischen, kaum übertroffenen Schwarz-weiß-Inszenierung, in welcher die Inselbewohner (die sich selbst darstellen) bei ihrem Überlebenskampf nur noch eine Statistenrolle spielen.

Connemara

Im Norden der Aran Islands liegen, im Dunst der Küste, die Berge von Connemara. Eine karge, rauhe Landschaft mit riesigen, weitverzweigten Seen, über die sich majestätisch die *Twelve Bens* erheben. Das sind ‚sanfte', von den Gletschern der Eiszeit flachgeschliffene Bergkegel. Irlands wildeste Landschaft spart nicht mit Reizen, um Besucher zu locken: schwarz schimmernde Bergseen, weite Hochmoore in allen Schattierungen von Rotbraun bis Grün, mauergesäumte Felder, eine zerklüftete Felsküste. Selbst weiße Sandstrände stehen im Angebot, ideal zum Baden - wenn es nicht gerade regnet.

Die nach dem Sohn der legendären Königin von Connaught Maev benannte Halbinsel erfreut sich allerdings erst seit wenigen Jahren dieser Beliebtheit. Über Jahrhunderte war Connemara immer nur gleichbedeutend mit Hunger und Armut - das Gegenteil vom Garten Eden. „Zur Hölle oder nach Connaught!" hatten Cromwells Truppen geschrien, als sie nach der Niederschlagung der Ulster-Revolte (1641-53) die Bauern massakrierten und den irischen Landadel in die unfruchtbaren Steinöden westlich des Shannon jagten. Quasi als höhnische ‚Entschädigung' für die Enteignung von Millionen Hektar fruchtbaren Ackerlands in den Midlands und im Osten.

Heutzutage signalisiert die Irland-Karte 1:500.000 dem Touristen jede Menge ‚grüne', d.h. malerische Wegstrecken, *scenic roads*. Meist sind es wenig befahrene Straßen entlang der vom Atlantik stark zernagten Küste, durch karge Hochtäler, über braune Moorlandschaften. Von Galway (dem ‚Tor nach Connemara') kommend, hat man zwei Möglichkeiten, eine Rundreise über die Halbinsel zu beginnen: Entweder nach Norden am Lough Corrib entlang zur Maam Kreuzung und von dort nach Leenane - oder entlang der zerfransten Küstenlinie, an küstennahen Mooren vorbei, hinüber nach Carna und Roundstone, einem kleinen Fischerdorf am Fuß des Errisbeg.

In jedem Fall muß man Zeit mitbringen, denn das Fortkommen auf Connemaras engen Landstraßen ist beschwerlich. Meist sind es *Famine Roads* entlang der alten Torfstraßen, berichtet Synge 1904: „mit ihrer seltsamen Führung, mit breitgewachsenen Torfstücken an jeder Seite - vielleicht, um den barfüßigen Menschen den Weg zu erleichtern". Straßen also, die Mitte des letzten Jahrhunderts während der großen Hungersnot im Rahmen eines ‚Hilfsprogramms' auf dem nachgiebigen Untergrund der Hochmoore entstanden. Der Asphalt hat sich über die Zeit den Bewegungen des *Bogs* angepaßt und eine Folge von Senken, Schlaglöchern und kleinen Sprungschanzen geschaffen. Fast eine Achterbahn, die man - soll nicht das Kochgeschirr im ganzen Campingbus verteilt werden - sehr vorsichtig nehmen muß.

Zwischen Oughterard und Clifden fällt die Wahl schwer, welcher der zahllosen, unscheinbaren Nebenstraßen man folgen sollte. Die Straßenschilder jedenfalls geben nur in gälisch Auskunft; Connemara gehört zur größten *Gaeltacht* Irlands. Wohin also?

Empfehlenswert ist ein Abstecher auf die durch Brücken verbundenen Inseln Lettermore und Gorumna, die schon Synge 1904 bereiste. Vor Carna lockt die verlassene *Finish Island* mit ihren geisterhaften Ruinen, die man bei Ebbe sogar zu Fuß erreichen kann, so seicht ist das Wasser. Oder *Dog Bay*, ein wunderbar geschwungener Sandstrand, dessen Dünen von Kaninchen tückisch unterhöhlt sind. Auf dem Weg nach Ballyconneely blickt man bei Ebbe in eine grell glitzernde, bizarre Welt von Felsen, Sandbänken und winzigen Inselchen.

Unverzichtbar zum Pflichtprogramm gehört auch eine Schleife um die ‚Twelve Bens', eine Tagestour durch moorige braune Hochtäler und entlang dunkel schimmernder Seen – so bezaubernd schön, daß man den Trubel Clifdens mit seinen Boutiquen, Souveniershops und Cafes sogleich hinter sich lassen möchte.

Nördlich von Clifden stößt man auf Letterfrack – im 19. Jahrhundert von Quäkern gegründet, heute das Zentrum des *Connemara National Parks*. Es gibt in Irland keine günstigere Gelegenheit die Bergstiefel zu schnüren. Der Aufstieg auf den 450 Meter hohen *Diamond Hill* ist in zwei Stunden zu schaffen. Die Anstrengungen werden – gute Sicht vorausgesetzt – mit einem grandiosen Panorama belohnt. In jedem Fall, selbst wenn die Sonne noch so freundlich scheint, sollte man den Regenmantel einpacken. Denn plötzlich sind sie da, die Regenwolken des Atlantiks. Ein unerwarteter Schatten zuerst, Wolkenbänke wie aus dem Nichts, statt Sonnenuntergang Dauerregen. *Devil's Mother*, ein knapp 650 Meter hoher Kegel bei Leenane, verweigerte uns zweimal den Aufstieg. Unten an der Straße war noch kein Wölkchen am Himmel, eineinhalb Stunden später, auf halber Höhe – mit Blick in den langgezogenen Fjord des *Killary Harbour* – zwingt uns Nebel und Nieselregen zum Abstieg, zurück nach Leenane.

Die Ortschaft Leenane liegt an einer Straßenkreuzung am Ende des tief ins Land eingeschnittenen Killary Harbour, der die Grafschaft Galway von Mayo trennt. Der Flecken besteht aus einer Straßenkreuzung, ein paar Häusern, zwei, drei Geschäften, zwei Pubs und einer Tankstelle. Im Frühjahr ein geruhsamer Ort, aber im Hochsommer ist ‚Tynan's' Lebensmittelladen und ‚Hamilton's Grocer and Bar' zu jeder Tageszeit gerammelt voll. Abends stehen die Gäste bis hinein in den angrenzenden Laden, stellen ihre Pints auf die Gefriertruhen und in die Regale zwischen Tomatenketchup, Haarklammern, Corned Beef und Persilkartons.

Hinter Leenane hat man, wenn man die gälischen Straßenschilder zu entziffern weiß, wieder zwei Alternativen. Entweder man fährt die N 59 am Flüßchen Erriff aufwärts, durch das dunkle Tal von Delphi, weiter nach Norden bis Westport. Oder man folgt noch ein wenig dem Fjord, um sich dann am malerischen Doo Lough entlang der Küste und dem *Croagh Patrick* zu nähern.

Croagh Patrick

Croagh Patrick, Irlands heiliger Berg, wird alljährlich am letzten Sonntag im Juli von Zehntausenden von Pilgern bestiegen. Um 441 n. Chr. soll Irlands Schutzpatron 40 Tage auf dem Gipfel gefastet haben, bevor er die Insel von Schlangen befreite und die Druiden mit dem Kleeblatt von der Dreifaltigkeit Gottes überzeugte. Im Mittelalter quälten sich die Bußpilger noch am 17. März, dem Todestag des Heiligen, die steilen Geröllflanken zum 765 Meter hohen Gipfel hinauf.

In diesem Jahr sind außergewöhnlich viele Menschen zum Croagh Patrick gekommen, 60.000 schätzt die Irish Times: Gläubige, Schaulustige, Jogger, Umweltschützer, Betroffene. Denn es geht nicht nur um Gott, auch um Gold. Während es die Gläubigen nicht fassen können, daß im Herzen des Berges, sozusagen unter ‚St. Patricks Bett', eine internationale Holding nach Gold schürfen möchte, graust den Umweltschützern beim Gedanken an das Zyanid, mit dem das Gold aus dem Fels gewaschen werden soll. Sie fürchten, daß es über das Grundwasser in die Weiden und die Clew Bay gelangen könnte. Der Umstand, daß der Sohn des Kanzlers Charles J. Haughey im Aufsichtsrat der Bergbauholding sitzt, erschwert den Kampf gegen das Gold. Sein Wert wird immerhin auf 900 Mio Mark geschätzt. Aber nachdem nun auch der Erzbischof von Tuam seine Stimme gegen den Angriff auf St. Patrick erhoben hat, sind die Leute zuversichtlich.

Einige Pilger vermeiden den großen Ansturm und klettern schon am Samstag hinauf, andere beginnen den beschwerlichen Aufstieg in der Nacht zum *Garland-Sunday*. An diesem Wochenende sind es auch viele Mayo-Fußballfans, die vor Morgengrauen aufgebrochen sind. Nicht aus religiösen Gründen, sondern einfach, damit sie am Nachmittag das Endspiel der Connaught-Liga nicht verpassen. Die große Masse allerdings startet erst nach dem Morgengrauen. „Sie brauchen einen Stock, Sir! Bitte, wir sind hungrig. Wir werden für Sie beten!" An der Straße stehen schon die Travellers-Kinder, um mit gekonnt verweinten Gesichtern ihre billigen Waren anzupreisen: Haselnußstöcke, Gebetszettel und Nippes.

Das erste Stück von Murrisk ist einfach. Sieht man mal von den zahllosen Verkaufsständen ab, die einen mit Rosenkränzen, mit Statuen von Jesus und den Heiligen Patrick, Brendan, Brigid, Christopherus; mit Glitzerbildern vom gekreuzigten Jesus und jeder Form von geschmacklosem Kitsch und den obligatorischen Zertifikaten „I climbed the reek!" bedrängen, als befinde man sich auf dem Weg ins Fegefeuer.

Hinter der überlebensgroßen Statue des Heiligen Benignus, die man vor dem Aufstieg siebenmal (*deiseal circuits*) umrunden soll, lassen wir die Frittenbuden und Rosenkranzverkäufer hinter uns. Nun trifft man nur noch gelegentlich auf ein paar Getränkeverkäufer und vorsorglich aufgebaute Zelte des Malteser Rettungsdienstes. Das Wetter ist ‚soft', ein schwerer, nasser Nebel, aus dem ein endloser Strom von Pilgern auftaucht und wieder verschwindet. Menschen jeden Alters und jeder Kondition stürmen den Gipfel: Großväter, gestützt auf die Schultern ihrer Enkel, Kinder, gewichtige Matronen und durchtrainierte Fußballer. Bewaffnet mit Regenschirmen und in Regenmäntel gehüllt, von rosa bis olivgrün. In Sandalen, Lackschuhen, Bergstiefeln – so manches junge Mädchen sogar in leichten Stöckelschuhen.

Vielleicht hatten sie nicht den Mut, von Anfang an barfuß den Berg zu bezwingen, wie es eine kleine, blutende, wirklich büßende Minderheit versucht. Oberhalb des Bergsattels beginnt ein haltloser, steiler Schotterhang zum Gipfel, „St. Patricks Pfad". Er soll Dante als Vorbild für den ‚Läuterungsberg' (Fegefeuerszene der *Göttlichen Kommödie*) gedient haben. Sieben ‚Vaterunser' und sieben ‚Ave Maria' müssen die Gläubigen beim Umrunden jeder Station beten, um den von Papst Leo XIII. verkündeten „vollkommenen Ablaß", die Tilgung ihrer Sünden zu erreichen. Die letzte Station vor dem Gipfel ist *Roiligh Mhuire*, das ‚Grabmal Marias', dessen drei Steinhaufen wieder siebenmal umrundet werden müssen.

Nur wenige blicken zurück, zu sehr sind sie mit sich und dem spitzen Gestein beschäftigt, das sie bei jedem Schritt wieder nach unten zu ziehen versucht. Wenn aber die Wolken einmal aufreißen, ist die Sicht spektakulär. Wie durch ein Fenster blickt man unerwartet und nur für ein paar Sekunden oder Minuten hinaus aus dem Sprühnebel. Blauer Himmel über dem Inselgewirr der Clew Bay, weiße Häuser, sattes Grün bis Türkis und Nebelschwaden geben dem Bild etwas Unwirkliches. Dann verlieren sich das Traumbild und die endlose Prozession von Menschen wieder im Nebel.

Auch die Absteigenden machen nicht gerade Mut. Verschwitzte Haare, blutende Schürfwunden, humpelnd und auf Stöcke gestützt, da ihr allzuoft längst ruiniertes Schuhwerk sie nicht mehr tragen will. „Das ist ja schlimmer als der Aufstieg zum Sinai", stammelt eine gewichtige Dame, die offensichtlich Erfahrung mit den ‚Zehn Geboten' oder dem internationalen Pilgertourismus hat. Völlig entkräftet hat sie sich zwischen die nassen, spitzen Steine sinken lassen, und wagt nicht einmal den Blick hinauf, wo dichter Nebel die Länge des Leidens nicht verrät.

Sie hat es fast geschafft, fast. Vielleicht hört sie schon im Nebel das helle Bimmeln der Meßdienerglocken, wenn diese die heilige Eucharistie einläuten. Jede volle Stunde wird auf dem Gipfel in der Glaskanzel einer neuerbauten, weißen Kapelle die Messe gelesen. Auf dem Gipfel warten auf den frommen Pilger noch fünfzehn Umrundungen der Kapelle und um *St. Patrick's Bed*, das von einem grünen Gestänge und einem Hinweisschild markiert wird.

Überall bilden sich Schlangen, vor den Plumpsklos, vor den Ständen für Tee und Coke und vor den Beichtstühlen. Unerwartet viele Jugendliche knien und beten, nicht nur die Alten. Michael O'Brien, 65, hat sich seit seinem 15. Lebensjahr fast 30mal hier hochgequält. Den obligatorischen Tee hat sich der Schreiner aus Donegal in einer Thermoskanne mitgebracht. Dazu eine ganze Flasche frischer Milch, mit der er seiner Labsal die korrekte Farbe verleiht. „Warum schleppen sie eine ganze Flasche Milch auf den Reek?" fragt Karl. Es ist wieder eine seiner respektlosen Fragen. „Weil ich keinen schwarzen Tee mag", lautet die einfache, aber nur halbe, Antwort.

Gegen Mittag wird es hell. Dann siegt die Sonne über die Nebelwolken und gibt uneingeschränkt die Sicht über die Inselwelt der *Clew Bay* mit ihren ‚365' Inselchen frei. Im Dunst können wir auch schon *Achill Island* ausmachen, unser nächstes Etappenziel.

Achill Island

Achill Island, das ‚britische Madeira', wie es einst (sicher spöttisch) genannt wurde. Allerdings waren es weder die Strände noch die höchsten Klippen Europas, die uns nach Achill lockten. Es war *das Tagebuch*. Vor allem waren es Heinrich Bölls wunderschöne Beschreibungen dieses mysteriösen, verlassenen Dorfes, die uns schon in Deutschland in ihren Bann gezogen hatten: „... graue Steinmauern, dunkle Fensterhöhlen, kein Stück Holz, kein Fetzen Stoff, nichts Farbiges, wie ein Körper ohne Haare, ohne Augen, ohne Fleisch und Blut: das Skelett eines Dorfes, grausam deutlich in seiner Struktur: dort die Hauptstraße; an der Biegung, wo der kleine runde Platz ist, muß eine Kneipe gewesen sein. Eine Nebengasse, noch eine. Alles, was nicht Stein war, weggenagt von Regen, Sonne und Wind – und von der Zeit, die geduldig über alles hinwegträufelte: vierundzwanzig große Tropfen Zeit pro Tag."

Seitdem haben weitere 289.080 Tropfen deutliche Spuren hinterlassen. Die Zeit hat viele der Giebel umgeworfen, Regen und Bodenerosion haben tiefe Gräben zwischen einzelne Hausruinen gerissen. Die Häuser sind jedoch nicht von Efeu und Moosen überwuchert. Auch die *lazy beds*, die typisch langgefurchten Kartoffelbetten (die Böll übersehen hatte), sind noch deutlich zu erkennen. Sie überziehen den Berghang wie ein grüner, von den Schafen kurzgeschorener, waschbrettähnlicher Teppich.

Für ein Wochende, für ein paar Tropfen Zeit, füllt eine Gruppe von katholischen und protestantischen Pfadfindern aus Belfast dieses „Skelett eines Dorfes" mit geliehenem Leben. Indem sie ihre Zelte im Schutz der schiefen Giebel und dunklen Fensterhöhlen aufbauen, geben sie ihm auch neue Dächer. Wissen sie etwas über das Dorf? Nein, es ist einfach nur romantisch, windgeschützt und die ebenen Fußböden sind zum Kampieren bestens geeignet.

Der Grund für das Verlassen des Dorfes liegt im dunkeln. Auch ein Bauer mit verblichener Playboy-Mütze, der mit einem kleinen Moped und seinem Hund gekommen ist, um die Schafe zurückzutreiben, zuckt nur ungeduldig mit den Schultern. Einfach nur Ruinen! Warum sie verlassen sind? – In Irland gibt es viele solcher Dörfer. Wie ein Autounfall, der ein paar Schrottautos hinterläßt, wer fragt schon danach?

Auch die Männer im Slievemore Head Pub kennen die Antwort nicht. Nur der 74jährige Sean erinnert sich, daß in den 30er Jahren eines der großen Häuser (in dem wir die Kirche vermutet hatten) zeitweilig noch bewohnt war, ein *booley house*. Das deckt sich auch mit einer Randbemerkung von Thomas H. Mason in „The Islands of Ireland" (1936), in der er ein Slievemore Dorf erwähnt, das im Winter wegen der fürchterlichen Winde am Nordosthang des Slievemore verlassen wird. Im gleichen Buch, also vor 55 Jahren, findet Mason auch schon folgendes erwähnenswert: „Ich hatte mich immer schon gewundert, was in Irland mit diesen alten Ford-Autos geschehen würde. Obwohl viele nur noch von Draht zusammengehalten werden und länger als die ihnen vorgegebene Zeit funktionieren, so müssen sie doch irgendwann den Geist aufgeben. Das Problem fand seine Lösung, als wir uns Achill näherten. Sie werden in die Sümpfe Westirlands geschoben."

Daran hat sich offensichtlich nichts geändert – im Gegenteil. Jahrzehnte steigender Autoproduktion haben das Problem heute bis zur Unerträglichkeit verschärft. Überall in Irland, im Moor, in Buchten, hinter Hecken und Häusern verrotten sie zu Abertausenden – und das, obwohl die wirklich großen Wellen des Individualverkehrs den Westen erst vor wenigen Jahren erreicht haben.

Achill, Irlands größte Insel, ist über eine Brücke mit dem Festland verbunden und war bis 1936 sogar per Eisenbahn zu erreichen. Bis vor wenigen Jahrzehnten war sie auch eine Insel der Saisonarbeiter, die, um überleben zu können, als Erntehelfer nach Schottland und England gingen. „Sie lieben den Tanz und die Musik", schrieb Mason.

noch im Mittelalter waren große Teile Irlands von Wald bedeckt

verlassenes Dorf auf Finish Island, Connemara

Burgruine im Lough Ballynahinch, Connemara

am letzten Sonntag im Juli besteigen Zehntausende den Croagh Patrick

auf dem Gipfel muß auch die Mischung Tee/Milch stimmen

Blick über die
Inselwelt der
Clew Bay

auf Achill Island gibt es wunderbar einsame Sandstrände

Blick von den Minaun Heights über die Keel Bay, Achill Island

Slievemore Village
Skelett eines Dorfes

eine Jugendgruppe
füllt es für ein paar
Stunden mit leben

Fuchsienblüten, die „Herzen Jesu"

der Westwind als Künstler

Jimmy, Fischer aus Dunglow, macht eine Pause beim Kartoffelpflanzen

die MacFaddens in ihrer Wohnküche, Bloody Foreland

Bauern von Tory Island bringen Schafe zum Festland

Wöchentliche Viehauktion in Carndonagh, Co. Donegal

Ankunft am Pier von Tory, Irlands nördlichste Insel, Donegal

Magheraroarty Pier
Bloody Foreland

der Leuchtturm von Fanad Head wird längst automatisch gesteuert

Stille Bucht auf Tory Island

Malin Head auf der Halbinsel Inishowen, Donegal

ob Derry oder Londonderry – am Namen scheiden sich die Geister

Mit Orange-Paraden feiern die Protestanten den Sieg in der Schlacht am Boyne…

...damals (1690), als William of Orange die Katholiken besiegte

britischer Soldat auf Patrouille, Belfast

die Kinder haben sich an den Bürgerkrieg im Vorgarten gewöhnt

„The Crown Liquor Saloon" in Belfast, Nordirlands schönster Pub

Blick über City und Vororte von Belfast

O'Neills Metzgerladen in der Grosvenor Road, Belfast

Katholisches Arbeiterviertel, Belfast

Queen Victoria vor der Belfast City Hall

White Cliffs und Port Bradden in der White Park Bay

protestantische Kirche vor Rathlin Island, Nordirland

Dunluce Castle wurde 1639 aufgegeben, als der Küchentrakt ins Meer stürzte

Port Noffer und
Giants Causeway

40.000 Basaltsäulen
zählt der berühmte
‚Damm des Riesen'

Sie entstanden vor 60 Mio Jahren beim Erkalten glühender Lavamassen

Last not least:
„Tea for two"

Damals lebten auf Achill knapp 7.000 Menschen. „Der Klang ihrer Geigen ist wie das Gezwitscher von Spatzen. Und alle sind sie beim Lebensmittelhändler in der Kreide. Auf Achill kann man kein Geld machen, und so ist der 12-Monats-Kredit ein geläufiger Brauch. Die ganze Insel lebt auf Pump. Eine Schuld von Erntezeit zu Erntezeit. ... fünf Monate harte Arbeit setzen sie ein und kehren mit ihren Ersparnissen zurück, um die Rechnung des letzten Jahres zu zahlen.“

Wie schon so viele Deutsche vor uns, suchen auch wir in Doogort nach den Spuren Heinrich Bölls, suchen sein Haus, fragen die Postmeisterin und die Leute im Pub des Slievemore Hotel. „Ja, natürlich kannte ich den Deutschen“, bekennt ein Stammgast, „aber daß er so berühmt war, haben wir erst nachher erfahren. Henrik Boll hat mir sogar sein Buch geschenkt.“ Gelesen hatte er es allerdings noch nicht. Nur einer Sache ist er sich sicher: „Im Pub war der Henrik Boll nie – ich glaube, ich muß es wissen.“

Dann erzählt mir John seine Geschichte vom Mann und dem Meer. „Ich wurde auf Inishkee geboren, einer kleinen Insel. Wir haben Fisch gegessen, immer Fisch.“ Und er beugt sich vor, als wolle er mir sein kräftiges Haar zeigen. „Fish is good for you.“ – „Hier auf Achill bekommt man nur Strandschnekken. Kennst du *carrageen moss*, nein – du sprichst bestimmt nicht Gälisch. Dieses Moos wächst auf den Felsen. Man kocht es mit Milch und es wird wie eine Art Pudding, das beste, was man bekommen kann – statt Porridge zum Frühstück. Kennt ihr *dilisk*?“ Und schon greift er hinter seinen dunkelblauen Mantel in die Jackentasche, um ein paar dieser getrockneten, tiefblauen Locken von Seetang herauszukramen. Er reicht sie geheimnisvoll herum, als sei es eine Droge. Die Männer an der Bar lassen sich das nicht zweimal sagen – das Zeug muß gut sein. Einfach aus dem Wasser ziehen, trocknen und essen. Es schmeckt nach Salz und Fisch, nach Meer, aber nicht nach mehr. Ich vermute, daß es gesund ist, aber einen fürchterlichen Mundgeruch erzeugt.

Abgesehen von Achill verspricht unsere Karte 1:500.000 nur wenige *scenic roads* in Mayo. Empfehlenswert sind vielleicht die kleinen Landstraßen, die von Newport nach Norden hin, um Lough Cullin und Lough Conn führen. Nördlich von Ballina liegen einige der schönsten Klosterruinen Irlands, die Franziskaner-Abtei Rosserk und Moyne Abbey am Mündungsarm des Moy.

Fast drei Jahrzehnte vor der Invasion der Normannen waren 1142 die Zisterzienser nach Irland gekommen. Die wegen ihrer Kutten ‚weiße Mönche‘ genannten Ordensbrüder bauten 38 Klöster und festigten die Macht des Papstes. In ihrem Gefolge überzogen auch die Franziskaner, Karmeliter und Dominikaner die Insel mit einem dichten Netz von mächtigen Klosteranlagen im Baustil der Gotik. Hier liegen die eigentlichen Wurzeln des tiefen Katholizimus der Iren, den auch Cromwells Truppen mit Massakern und der völligen Zerstörung der Klöster 1596 nicht ausrotten konnte.

Auf dem Weg nach Norden stoßen wir in der Grafschaft Sligo nicht nur auf die Spuren von Yeats, sondern auch wieder auf die Armada. Am Streedagh Point waren drei Schiffe der Armada zerschellt. Interessant ist an dieser Stelle der Bericht eines Überlebenden, dem die Begegnung mit den ‚Wilden‘ noch in den Knochen steckt: „Sie leben in strohgedeckten Hütten. Die Männer sind alle groß und hübsch und so aktiv wie Rotwild. Sie essen nicht öfter als einmal am Tag, und das bei Nacht, ihre gewöhnliche Mahlzeit besteht aus Hafer, Brot und Butter. Sie trinken Sauermilch ... an Festtagen essen sie halbgares Fleisch ohne Brot und Salz. Sie kleiden sich in engen Hosen und kurzen Jacken aus Ziegenhaaren, darüber tragen sie eine Decke, und ihre Haare fallen tief bis unterhalb ihrer Augen ... sie schlafen auf dem Fußboden auf frisch geschnittenem Schilf, voller Wasser und Eis.“

Ist dies eine realistische Beschreibung oder nur Ausdruck des Kulturschocks eines Spaniers aus der Konsummetropole der damaligen Welt? Das Bild dieser ‚Iren‘, ihres Charakters und ihrer Mentalität, wurde im Lauf der Geschichte aus verschiedenen Perspektiven immer recht unterschiedlich gezeichnet. Schon der griechische Geschichtsschreiber Diodorus Siculus betonte das „furchteinflößende Äußere“ und: „In der Unterhaltung machen sie wenig Worte und sprechen in Rätseln, meistens deuten sie einen Sachverhalt nur an und lassen vieles unausgesprochen. Häufig übertreiben sie in der Absicht, sich zu rühmen und das Ansehen anderer herabzusetzen.“

In ‚History and Topography of Ireland‘ zeichnete Bischof Gerald von Wales, der 1183 im Gefolge der Normannen die Insel bereiste, aus Sicht der Briten ein recht barbarisches Irenbild, um die normannische Invasion zu rechtfertigen. Später, Mitte und Ende des 17. Jahrhunderts überwog in England sogar ein recht positives Bild der Nachbarn. Sie waren zwar trunksüchtig, rebellisch und sentimental, aber Shakespeare beschrieb die Iren auch als „tapfer, stolz und patriotisch“. Im 19. Jahrhundert allerdings, je mehr sie rebellierten, soffen und verhungerten, wurde auch das Irenbild in Literatur und Karrikatur immer verzerrter.

In ‚Das Irenbild der Deutschen‘ hat Gabriele Haefs diese verschiedenen Sichtweisen über die Jahrhunderte detailliert gegenübergestellt, einige der hier dargestellten Gedanken sind ihren Untersuchungen entnommen. So auch die Beobachtung, daß die Iren in der englischen Karrikatur nach 1830 immer weniger menschlich und immer affenartiger dargestellt wurden – mit gigantischen Unterkiefern als Beweis der niederen Entwicklungsstufe.

Während die Engländer die Armut, den Schmutz und den Alkoholismus zur Rechtfertigung ihrer Überlegenheit und Herrschaftsansprüche heranzogen, blickten die Deutschen, angesteckt durch die Ossian-Begeisterung des 18. Jahrhunderts, durch die rosarote Brille dieses keltischen Helden. Der schottische Dichter James MacPherson (1736–95) hatte eine Neudichtung der Heldengestalt des Ossian als Originalübersetzung aus dem Gälischen ausgegeben. Mit diesem Klischee des musischen, sensiblen, literarischen Kelten, der trotz Armut und Dreck seine Würde behält, zog er die europäische Denkerelite in den Bann Schottlands und Irlands.

Herder begründete mit Ossian seine Geschichtsphilosophie, Goethes melancholischer „Werther" entstand nach ossianischer Bastelanleitung, und auch Rousseaus „edler Wilder" und seine von keinen Normen gebundene Lebensart finden hier ihre Bestätigung. Keltische Schwermut, keltische Magie, Einfühlsamkeit in die Natur, dichterische Begabung, Nachdenklichkeit und Verträumtheit waren die wichtigsten Mosaiksteine, aus denen sich unser romantisches Irenbild lange zusammensetzte.

Der Geologieprofessor Arnold von Lasaulx beschreibt die Iren 1877 allerdings nicht gerade schmeichelhaft: „... im Allgemeinen scheinen die Weiber schöner als die Männer..., die untersetzt, zum Teil kleine grobknochige Figuren mit rundem Kopf und Gesicht, dessen starke Backenknochen und wulstige Lippen meist im hohen Grade unschön sind." Fürst Pückler hingegen unterstreicht in seinem Reisebericht ein Irenbild, das sich in Deutschland bis heute gehalten hat: „... eher gleichen sie Franzosen, zeigten aber bei ebensoviel Lustigkeit mehr Humor und Gutmütigkeit, welche beides Nationalzüge der Iren sind, die durch Potheen stets verdoppelt werden."

Bölls ‚Irisches Tagebuch' war zweifellos Leitlinie für die Irland-Berichte der kommenden Jahrzehnte. Die Iren als liebenswerte Schwerenöter, verträumte Geschichtenerzähler, Literaten, Individualisten. Böll begann seine Irlandreisen zu Beginn der 50er Jahre unter Schockwirkung des kriegszerstörten, zerbombten Deutschland und des ‚Deutschtums'. Vor allem die Charakterzüge der verträumten, schwermütigen Iren, die sich weder Norm noch Zeit unterordnen, und denen ‚Streß' ein Fremdwort ist, mußten Böll angesichts des Wirtschaftswunders BRD besonders erstrebenswert erscheinen.

Donegal

Hat man Sligo und die Tafelberge des Benbulben hinter sich gelassen, ist auch die Grenze zu Nordirland nie weit. Donegal, *Dun nan Gall* (Burg der Fremden) – gemeint sind die Wikinger. Irlands nördlichste Grafschaft wirkt nicht nur auf der Landkarte abgeschnürt vom Rest des Landes. Für Donegal hatte die Teilung Irlands 1922 besonders einschneidende Folgen. Die traditionellen Ulster-Grafschaften Antrim, Derry, Tyrone, Armagh, Down und Fermanagh bildeten den protestantischen Zwitterstaat *Nordirland*. Das dünnbesiedelte und wirtschaftlich schwache Donegal wurde zur Republik geschlagen. Die Grafschaft, geografisch und historisch immer Teil der Provinz Ulster, wurde nun quasi über Nacht nicht nur von seinem Handelshafen Derry abgeschnitten, sondern bis auf eine kleine Landbrücke auch wirtschaftlich von der Republik abgeschnürt. Irlands Entwicklungsregion.

Mittlerweile glaubten wir, wir hätten schon die windigsten, verregnetsten, wildesten Gegenden Irlands gesehen – aber Donegal im Norden kann sich mit allem messen. Es regnet in Strömen, und in den Nachrichten sind orkanartige Stürme der Windstärke 10 angekündigt. Das treibt auch die Fischerboote zurück nach Killybegs, Irlands einzigem nennenswertem Hochseefischereihafen. Kein Ort zum Verweilen. Es stinkt bestialisch nach Fischmehl, hinter Auktions- und Fabrikhallen lauern Tausende von schwerfälligen, vollgefressenen Seemöwen auf neue Abfälle.

Hinter Killybegs wird die Straße wieder eng und holprig. In Carrick, berühmt für seinen *Donegal Tweed*, biegen wir nach links ab, in Richtung Teelin und Slieve League, Irlands ‚höchste' Klippen. Hinter Teelin stoßen wir auf den König der *Donegal Dogs*. Heinrich Böll erzählt in „Dreizehn Jahre später" von seinen Zettelkästen, in denen er zwischen 1958 bis 1965 die Aktivitäten der Hunde von Dukinella festhielt. Anfangs wären sie kläffend neben jedem vorbeifahrenden Auto hergelaufen. Zuletzt hätten sich die irischen Hunde doch an die Eindringlinge gewöhnt.

Böll klagte zu Unrecht. Vor allem in Donegal gibt es sie noch, diese Todesmutigen, die wie aus heiterem Himmel von schräg vorne auf ein Auto zulaufen, genau auf den Vorderreifen zu. Als Irland-Anfänger und Tierfreund steigt man voll in die Bremse. Das macht es dem verspielten Angreifer nur leichter, den Reifen nach einer blitzschnellen Wendung und einem Sprint in Fahrtrichtung tatsächlich zu erwischen. Humpelnde Hunde oder solche mit fehlenden Kieferteilen zählen zu den Verlierern und haben diesen Sport meist aufgegeben.

Dieser schwarz-weiße Blitz von Teelin also war der ‚King'. Während drei Tagen ließ er keine Gelegenheit aus, uns auf dem Weg zu den Klippen in die Zange zu nehmen. Er lauerte immer im Schatten seiner Lieblingshecke, schoß unvermittelt auf unseren Bus zu und drehte sich im Lauf (wohl um Schwung zu nehmen) zweimal um seine Achse, als wolle er sich selbst in den Schwanz beißen. Dieser horizontale Salto brachte ihn im richtigen Moment auf die Höhe unseres Vorderreifens. Er verfolgte uns noch etwa 100 Meter (bis zum Ende seines Reviers), um dann befriedigt zu seiner Startrampe zurückzukehren. Später, am Malin Head, gelang es einem seiner Brüder sogar, uns während der Fahrt die Gummileiste von der hinteren Stoßstange zu reißen.

Um mit einem VW-Camper bis zu den Klippen von Slieve League zu gelangen, bedarf es einiger Übung in extrem engen Kurven und der Nerven, bei Gegenverkehr auf einer ungesicherten Paßstraße auch einmal ein paar hundert Meter im Rückwärtsgang zurückzulegen. Bei einem der Ausweichmanöver auf dem Hochplateau der Steilküste gerät Karl eine Reifenbreite vom Asphalt ab, auf den seitlichen Randstreifen. Im Sommer ein massives Stück Erde, im April ein Morast, in den sich die Reifen unseres tonnenschweren Transporters mit jeder Radbewegung tiefer eingraben. Nichts Lebensgefährliches, der Abgrund liegt auf der gegenüberliegenden Straßenseite. Aber wir sitzen unverrücklich fest.

Die Franzosen, denen wir Platz machen wollten, fahren ‚pflichtbewußt' zurück nach Teelin, um Hilfe zu holen. Zuerst kommt der Farmer mit dem Landrover, dann holt er den Traktor. Nach zwei Stunden sind wir wieder frei, die Franzosen ziehen eine Flasche mit goldgelbem Champus aus ihrer Kühltasche. Aber dem Farmer tun wir keinen Gefallen, er ist Antialkoholiker, sein Sohn zu jung zum Anstoßen. Und so stehen wir etwas verlegen mit Kaffeetassen voll Sekt um den Traktor.

Ein paar Pfund Trinkgeld sind ihm lieber, die er wiederum mit einer Einladung nach Hause erwidert.

Ohne unsere Panne im Moor hätten wir die Mahoneys vielleicht nicht kennengelernt, obwohl sie – das stellte sich nun heraus – die Besitzer des Hundekönigs sind. Sie wohnen in einem dieser Neubauten, deren Dach schon nach den ersten Winterstürmen mit Sandsäcken beschwert werden muß, damit die Donegalstürme es nicht abheben. Es ist ein einfacher Kisten-Grundriß mit Wohnzimmer, Schlafzimmer und winzigem Kinderschlafzimmer, Flur, angebauter Küche. Eng und in so dünner Bauweise erstellt, daß man sich wundert, warum die Familie ihr Cottage verlassen hat, um in dieses modern aussehende Provisorium zu ziehen. Karl stellt als gelernter Architekt unermüdlich Fragen. Warum diese Ex-und-Hopp-Mentalität? Warum ziehen Menschen aus einem Haus, das 200 Jahre den Stürmen des Atlantiks getrotzt hat, in billig gebaute Betonhäuser, die kaum 20 Jahre halten werden.

Sie zeigen uns auch gerne (und mit einem gewissen Stolz) die alten Cottages auf der anderen Seite der Straße. Im ersten wohnt die Großmutter, das zweite haben sie als Ruine an eine Pfarrersfamilie aus Dublin verkauft. Und die machten das, was in Irland offensichtlich nur ‚Auswärtige' tun können: Sie renovierten das dachlose Hausskelett von Grund auf: mit traditionellem Strohdach, einer Isolierung und Fußbodenheizung unter einem wunderschönen Steinboden (den Originalplatten), einem gemütlichen Wohnraum mit offenem Kamin und angrenzender moderner Küche, einem Bad, einem kleinen Schlafzimmer und (über eine Leiter erreichbar) Schlafkammern für die Kinder im Dachgeschoß. An den Wänden hängen Kupferkessel, Schürhaken und Teller, die die Familie auf den Müllkippen der Gegend gefunden hatte.

Die Pfarrersfamilie aus der Hauptstadt investierte für ihr Wochenendheim nach einem Kaufpreis von 12.000 Pfund noch einmal 10.000 Pfund und viel ‚Do-it-Yourself' in die Totalrenovierung. Das ‚neue' Haus der Locals war kaum billiger und bietet erheblich weniger Wohnqualität. Warum also ein Neubau? Rationell betrachtet, wäre ein Umbau bzw. eine Erweiterung oft die billigere Lösung, aber hier zählen nicht rationale Argumente, sondern Emotionen. Für die *Locals* sind die ‚romantischen' Häuschen Schandfleck und Stigma einer armen, komfortlosen Vergangenheit, in der sich Generationen von Vorfahren Rheuma, Gicht und nicht selten den frühen Tod geholt haben.

Ob alt oder neu, hinter fast jedem Häuschen im Westen findet sich eine Torfpyramide. Denn Torf, englisch *Turf*, bringt nach wie vor die Wärme ins Haus. Besonders gut brennen die ziegel- oder wurstförmigen Torfsoden allerdings nicht, ihr Heizwert ist sogar ausgesprochen gering. Eine Faustregel besagt, daß man zum Heizen während des Winters etwa die Menge Torf benötigt, die dem Rauminhalt des beheizten Zimmers entspricht. In hohen, kunstvoll gestapelten Haufen wartet er im Windschutz der Häuser auf seinen Einsatz.

Bog nennen die Iren ihre Moore, die seit der zweiten Eiszeit etwa 16 Prozent des irischen Festlands bedecken. Als *blanket bogs*, die wie eine dünne Decke die Felsrücken des Westens überziehen – oder in Form der bis zu zehn Meter starken Hochmoore. Sie gedeihen am besten in Gebieten mit hohen Niederschlägen, niedrigen Temperaturen und wenig Verdunstung. Die schwammige, braune Masse besteht zu 90% aus Wasser, dann aus Flechten, Farnen und besonderen Moosen (z.B. die gefährdete Spezies des *sphagnum*-Mooses), welche die Eigenschaft besitzen, bei Trockenheit Wasser aus dem Untergrund nach oben zu transportieren, um das Biotop lebensfähig zu halten. Absterbende, verrottende Pflanzen lassen den Bog langsam wachsen, im Durchschnitt bis zu einem Zentimeter pro Jahr.

In geologischen Zeiträumen betrachtet sind diese Moore also Säuglinge, kaum mehr als zehntausend Jahre alt. Allerdings Zeit genug, die Menschheitsgeschichte zu dokumentieren, von deren Geheimnissen sie hin und wieder etwas preisgeben: Gebrauchsgegenstände oder perfekt erhaltene Moorleichen. Moore haben die Eigenschaft, organische Stoffe über Jahrtausende zu konservieren. Selbst Butter, die von frühen Bewohnern zur besseren Lagerung im Moor vergraben und zurückgelassen wurde, behielt selbst nach Jahrhunderten die ihr eigene Farbe und Frische, schmeckte jedoch – so die Finder – eher wie ein Frischkäse. Auch die bizarren, schwarzen Wurzelstümpfe, die wie mahnende Finger aus dem Bog ragen, haben nicht selten ein biblisches Alter.

Nur noch 5 Prozent von Irlands drei Millionen Hektar Moorflächen befinden sich im natürlichen Zustand. Seit 1946 werden die großen Flächenmoore der Midlands unter Aufsicht der halbstaatlichen Torfbehörde *Bord na Mona* industriell abgebaut. Wie gelbe Kraken schälen riesige, zweiarmige Maschinen Schicht um Schicht der schwammigen Masse ab und spucken sie als Würste oder Würfel wieder aus. Die Soden werden getrocknet, zermahlen, zu Briketts gepreßt oder in kleinen Kraftwerken mit miserablem Wirkungsgrad in Elektrizität verwandelt. 21 Prozent des Strombedarfs wird mit Torf gedeckt. In zwanzig Jahren, so schätzen Experten, sind die Vorräte erschöpft, und die Umweltschützer blasen schon jetzt zum Rückzug.

„Bogs sind wie ein Eheleben", zitiert Mason 1936 einen Bauern von Achill, „der Weg scheint länger als er wirklich ist." Die

Iren müssen es wissen. Ehescheidungen sind im katholischen Irland fast unmöglich. Und seit dem Verschwinden der Wälder im 16. Jahrhundert waren die Iren auf die Brennenergie des Torfs angewiesen, und noch immer ziehen viele Familien im Frühjahr ins Moor, um von April bis Mai in mühseliger, kollektiver Knochenarbeit den Jahresbedarf zum Heizen und Kochen zu stechen. Gestochen wird mit dem *slean*, einem Torfspaten, der die braune Masse wie Butter zerteilt – aber die Soden sind schwer wie Blei. Der *Cutter* wirft die Stücke dem *catcher* zu, der *wheeler* stapelt sie zwecks Trocknung zu kegelförmigen Haufen. Häufig werden sie neuerdings in leeren Kunstdüngersäcken getrocknet. Seit sich der Legende nach der Heilige Columba beim Torfstechen in einer Torfgrube gefangengesetzt hatte und alle verwünschte, die nicht drei Stufen geschnitten, um wieder aus dem Sumpf herauszukommen, halten sich die Bauern im Norden an diese Lebensweisheit.

Eine Bog-Wanderung in Irland ist eine mühselige Angelegenheit, aber ich möchte auch hinzufügen: Eine Tageswanderung von Glencolumbkille über den Bog hinüber nach Port war unsere schönste und nässeste Wanderung in Irland überhaupt. Wir waren gut gerüstet, die Bergstiefel eingefettet, unsere bewährten neuseeländischen Regenmäntel, neben Butterbroten und Äpfeln, im Tagesrucksack verstaut. Karl hatte für den Notfall sogar ein paar Plastiktüten für seine Kameras mitgenommen.

Die Sonne scheint und die Orientierung fällt leicht, eigentlich geht's immer nur der Küste entlang. Es ist eine sehr bröcklige, dramatische Steilküste, deren Abbruchkante wir uns nur mit extremer Vorsicht nähern. Ein paar Meter landeinwärts schwabbert und quietscht es bei jedem Schritt. Es ist, als ginge man auf einem alten, verkrusteten Schokoladenpudding. Die einzigen Lebewesen, denen wir begegnen, sind ein paar langwollige Schafe.

Nach vier Stunden beginnt es zu regnen. Regen ist nicht der korrekte Ausdruck. Der Himmel öffnet seine Schleusen – und weit und breit kein einziger Baum, unter dem wir Schutz suchen könnten. Nach einer weiteren halben Stunde hat der Regen den Weg durch Ritzen und Nähte unserer ‚waterproofs' bis unter die Achseln gefunden. Ohne Rücksicht auf Wasserlöcher und Gräben stapfen wir zurück, kämpfen uns durch Wassergräben, durch kleine Täler und steile Abhänge hinauf und hinunter. Wasser im Überfluß. Es ist fürchterlich, aber irgendwie genießen wir den warmen Mairegen, der wie ein kühler Schleier das Gesicht benetzt. Und plötzlich reißen die Wolken wieder auf, geben die Sicht frei über den Atlantik, über die Weite des Hochmoores und hinüber nach Glencolumbkille.

Von Glencolumbkille führt eine ‚scenic road' über den 25%-steilen Glengesh Paß nach Ardara und von dort auf Küstensträßchen bis hoch zum *Bloody Foreland*, im nordwestlichen Zipfel Irlands. Dort haben wir eine Adresse. Hughie MacFadden, Knoc Fola, Bloody Foreland. Letzteres ist bekannt, Knoc Fola allerdings auf keiner Karte zu orten. Auch der Familienname gerät zum Problem. Dies ist MacFadden-Land. Praktisch jeder Grocer, Bierhandel, Schuster und Pub der Gegend hat den Namen in großen Lettern über der Haustür angebracht.

In Knoc Fola gibt es sogar drei Hughie MacFaddens, und will man ‚unserem' Hughie schreiben, muß man den Brief an Hughie O. MacFadden adressieren. Hughie war sein Leben lang Fischer, seit 53 Jahren lebt er mit seiner Frau in einem blendend weiß getünchten Bilderbuch-Cottage, mit weißen Vorgartenmauern, drei Katzen und einem Hund.

„We're doing nothing, but knocking around, knocking around." Mit ‚Herumhängen' könnte man es übersetzen – ein Rentnerleben in Sichtweite des Atlantiks. Hughie trägt die üblichen weiten Wollhosen, einen marineblauen Pullover und riesige, sehr unbequem aussehende, geschnürte Lederschuhe. Und es scheint, als nehme er seine Mütze auch im Bett nicht ab. Hughie ist 73, seine Frau 69. Eine Tochter arbeitet in einer Fabrik, zwei Söhne sind Hummerfischer. „Das bringt gutes Geld – vorausgesetzt, man bekommt das Boot auf See, der Seegang ist hier oben gefährlich." In der ‚Off-season' sind die Söhne *on the dole*, leben von der Arbeitslosenhilfe. Am liebsten würde Hughie mit rausfahren, aber der älteste Sohn hat es ihm wegen der kranken Beine verboten. So steht er nun allmorgendlich mit dem Feldstecher vor dem Haus, beobachtet das Ausfahren seiner Söhne und repariert gelegentlich die Netze.

„Thank Goodness!", Mrs. MacFadden ist eine energische und gesprächige alte Dame. Sie spricht natürlich Irisch, aber auch einen recht sauberen englischen Akzent, wie es in Donegal häufig ist. Sie klagt über das abwechslungslose Leben am Rande des Atlantik. Der Alltag ist geregelt. Nein, eine Kuh haben sie nicht. „Wir bekommen doch die Milch im ‚Tetrapack', das ist *handy*!" Und Hühner? „Oh nein, immer dieses Kartoffelkochen für sie." Der Grocery-Wagen kommt mehrmals die Woche mit Weißbrot, Eiern, Milch und Bacon.

Die Wohnküche ist zweifellos der wichtigste Raum des Hauses. Atlantikblick ist nicht erwünscht, nach Westen und Norden hat das Haus aus guten Gründen keine

Fenster. Das Torffeuer im Küchenherd heizt den Raum und den Wasserkessel. Auf der Fensterbank liegt griffbereit das Fernglas. In der Ecke, neben einem zusätzlichen Gasherd, stehen ein Kühlschrank, ein Schrank, vor dem Fenster ein Tisch mit zwei Stühlen. Das eigentliche ‚Wohnzimmer' wird nur geheizt, wenn Gäste kommen. Dort steht zwischen einer Polstergarnitur auch der (selten genutzte) Fernseher. An der Wand Familienbilder, ihr Haus, ein Jesusbild und ein Bild von Padre Pio. „Ja, ich bin oft in Knock gewesen – wunderbar!", strahlt die alte Dame, die alljährlich im Sommer mit den Frauen von Knoc Fola eine Bustour zum irischen Lourdes organisiert.

Die MacFaddens trinken nicht, Whiskey ist ihnen ein Greuel, außerdem viel zu teuer. Sie frönen nur einer Leidenschaft: *Bingo.*

Montag- und Mittwochnacht ist Bingo-Time in Bloody Foreland. Gegen 9 Uhr hält der Bingo-Bus (kein Minibus, sondern ein großer Schulbus, vollbesetzt mit Rentnern) vor dem Haus, um sie nach Calcarragh zu bringen. Manchmal gewinnt Hughie sogar 20, 50, ja einmal sogar 100 Pfund. Und wenn er mal wieder verliert, war's: *Good crack.*

Um halb acht morgens klopft Hughie an die Fenster unseres VW-Bullis. Zeit zum Aufbruch, Zeit für den Abschied. Uns zieht es weiter hinauf in den Norden, um von Magheraroarty auf die wildeste und nördlichste Insel der Republik überzusetzen. Hughie MacFadden war sicher der fünfte, der uns lachend und mit rollenden Augen vor *Tory Island* gewarnt hatte: „Good fun and good *crack*", (eine Mordsgaudi) verspricht er, aber... „Ihr mögt zwar nach Tory kommen, aber ich hoffe, ihr kommt auch wieder runter. Wenn du für eine Nacht rüberfährst, bleibst du meist fünf."

Tory Island

Die Boote nach Tory fahren nicht nach Fahrplan. Wann, das weiß meist die Frau im Postamt oder jemand im Pub. Der Wirt des grauen, farblosen Pubs oberhalb des Piers von Magheraroarty hat ein ‚radio' (Funkspruch) empfangen. Gegen 6 Uhr sollen ein paar Boote kommen und um 7 Uhr – was sich wegen ein paar Pints verzögern kann – zurückfahren.

Gegen 6.30 Uhr kommt tatsächlich Leben auf am Pier. Zwei blaue, ein rotes und zwei weiße Boote landen an. Kistenweise verschwinden rote Lobster im Kühlraum eines kleinen, weißen Trucks aus Galway. Hausfrauen schleppen Matratzen und Bettgestelle heran, Arbeiter in blauen Overalls verstauen fabrikneue Generatoren auf Deck. Nach der Abfahrt zu fragen ist einfach zwecklos, man benötigt Geduld und versteckt seine Armbanduhr am besten unter der Wäsche im Rucksack. Für den „crack" des Jahres, die ‚Mordsgaudi', kommen wir ohnehin um genau einen Tag zu spät. Das war gestern. Selbst ein Mitglied der Gruppe *U2* soll mit dabeigewesen sein. Nun steigen jede Menge Leute, denen die lange Nacht, der Alkohol und die gute Stimmung vom Gesicht zu lesen sind, von den drei Booten.

Unser Boot zurück nach Tory ist fast leer, die See flach wie ein Feuerwehrteich. Die Fischer liegen regungslos auf Deck und genießen die Ruhe und einen selten schönen Sonnenuntergang, kurz: es ist idyllisch. Deshalb brauchen wir wieder ein Zitat von Thomas Mason aus *The Islands of Ireland*, um den wahren Charakter dieser Insel zu beschreiben: „Die Winde in dieser Ecke des Atlantiks sind notorisch schlecht. Keinem Boot war seit zehn Tagen gelungen, herüberzukommen, aber uns wurde versichert, der Sturm sei vorüber, und so nahmen wir unser Herz in die Hand. Die Überfahrt dauerte eine halbe Stunde länger als üblich. Ich kauerte mich in eine Ecke und hielt mich krampfhaft an einem Eisenbolzen fest, um nicht über Bord zu gehen. Ich war übersät mit blauen Flecken und Schürfwunden und ich kann dem Himmel nur danken, daß wir nicht das Wetter hatten, was die Fischer ‚rauhe See' nennen."

Schon von weitem zeigt die elf Kilometer vor der Küste liegende Tory Island eine besondere Gestalt. Die geraden Linien der Insel erheben sich im Osten zu turmartigen Klippen, die der Insel auch den Namen gegeben haben. Anders als Inishere mit seinen Steinmauern und dem blendend-weißen

Sand fällt hier vor allem das Dorf als ein Haufen von Häusern auf, die an einer parallel zum Wasser liegenden Hauptstraße (ein ausgetretener Weg zwischen den Häusern) gereiht sind. Die weißgetünchten, eng stehenden Häuser geben der Insel etwas Griechisches.

Der Pier ist ohne Zweifel urbanes Zentrum der Insel, Schule, Kirche und Krämerladen sind in Rufweite. Auch unsere Pension (das Zimmer wurde uns schon an Bord vermietet) ist mit wenigen Schritten erreicht. Aus einem Frachtkahn werden Mauerziegel, Öltonnen, Gasflaschen und Kohlesäcke entladen. „Tory ist im Aufschwung", schwärmt Mary, die Frau des Käptens, die schon mit dem Abendbrot auf uns wartet. „Letzten Monat haben wir einen kleinen Supermarkt (ein Krämerladen) bekommen. Gestern wurde ein größeres Club-Haus (der getarnte Pub) eingeweiht."

Es wird irisch gesprochen, aber auch dann, wenn unsere Gastgeberin Englisch spricht, wird klar, daß wir uns in Irlands ‚fünfter Provinz' befinden, in einer anderen Welt. Diese Frau scheint keinerlei Gefühl oder Sprache für ‚unsere' Zeit zu haben. Sie benutzt nie die Namen der Wochentage oder gar Uhrzeiten, sondern einfach nur: vorgestern, letzte Woche, nachmittags oder ‚wenn es dunkel wird'.

Der *Good crack* und *Fun*, die ‚Gaudi' auf dieser polizeilosen Enklave im Norden ist im ganzen Land berühmt-berüchtigt. Ohne Helikopter war die Insel im Winter oft monatelang völlig abgeschnitten von der Welt und man vertrieb sich die Zeit mit Geschichtenerzählen, Trinken oder mit Kartenspiel, bei dem nicht selten das letzte überlebende Stück Vieh aufs Spiel gesetzt wurde. Nun hatten wir den besten *crack* seit Monaten um einen Tag verpaßt. Alle redeten nur in der Vergangenheit. „Ja, gestern!" – so schwärmt der Captain – „bis morgens um fünf haben wir getanzt, und gefiddelt, und es gab reichlich Pints im Club." Der ‚Club', der Gemeindesaal mit einer Bar in der Ecke kennt keine Polizeistunde. Hier ist der beschwörende Ruf „Last Order!" unbekannt, die Bar schließt, wenn die letzten Gäste gegangen sind.

Nach der Alkoholflut von gestern herrscht heute eher Ebbe. Am Abend sind nur ein paar stille Trinker an der Bar. Auch die Konzertina und eine Fiedel über der Eckbank bleiben unangetastet. Dann, gegen 22 Uhr, füllt sich der ‚Club' – ein paar Fischer, ein paar Urlauber aus Dublin, einige Finnen. Und plötzlich und für uns spontan stimmt eine Frau am Nebentisch ein Lied an. Ohne Instrument, nur mit glockenreiner Stimme. Es ist eine lange, melancholische Ballade, 21 wunderschöne Strophen, von den Inseln im Westen, dem Hunger, der Mutter, der Liebe, dem Abschied, von Amerika. Nun singt ein Mann, in gälischer Sprache, die wir nicht verstehen. Aber am Lachen der Zuhörer wird klar, es ist eine Moritaten-Ballade, oder sind es etwa ‚Limericks'? Nun singt wieder die Frau: „Johnny, I hardly knew yeh ..." (Johnny, ich kannte dich kaum ..."), ein berühmtes Liebeslied, eine verzweifelte Klage gegen den Krieg.

„Thank Goodness!" das ging unter die Haut. – „Wie lange wollt ihr bleiben?", fragt uns unschuldig der Käpitän. Zwei Tage? Das könnte länger dauern! Für morgen weiß er niemanden, der hinüber zum Festland fährt. Vielleicht Mittwoch, aber für Mittwoch hat das Wetteramt ein Sturmtief aus Island angekündigt. Warum bleiben wir nicht eine Woche? Ein Sturmtief! Eine Woche auf Tory!

Nervös klappere ich die Fischer an der Bar ab. Wäre da nicht ein finnischer Jachter gewesen, die Sache hätte ‚böse' ausgesehen. Seine 16-Meter-Jacht, mit der er seit Monaten durch Europa segelt, liegt im Hafen vor Anker. Morgen Mittag, bei Flut, will er lossegeln – und wenn wir möchten, kann er uns in der Bucht von Dunfanaghy, wo er sich Schutz vor dem Sturm erhofft, absetzen.

Der nächste Tag ist ein traumhafter Sommertag, mit reichlich Sonne, ein wenig Wind und zum Lunch gibts Rollmöpse, finnisches Knäckebrot und Gurken. Wir reden viel über Irland und stellen fest, daß wir ein völlig anderes Irland sehen. Nicht nur unsere Karten unterscheiden sich grundsätzlich. Wir erzählen von Ruinen, Hochmooren, Paßstraßen, dem Blick von der Höhe der Cliffs of Moher in der Weite des Atlantiks. Aimo erzählt von Delphinen, von einsamen Buchten, vom Anlanden in Dingle, von den Strömungen am Mizen Head. Die Skelligs haben sie nur von Westen gesehen, ohne ihre geschichtliche Bedeutung zu ahnen.

Eine steife Brise bringt uns in fünf Stunden hinüber zum Horn Head. Die 600 Fuß hohen Felswände sind nicht wiederzuerkennen. Vor drei Tagen hatten wir einen Abstecher auf die kleine Halbinsel gemacht und haben noch die Empfehlung Shands im Kopf, der 1884 vermutete: „... zweifellos wäre ein Boot der beste Weg, sich die Klippen anzusehen", die er für die ‚besten' in Großbritannien hielt.

Am späten Nachmittag erreichen wir einen verlassenen Beach von *Sheep Haven*, und Karl fährt per Anhalter zurück nach Magheraroarty, um den Bus zu holen. Von Sheep Haven ist es auf der Karte nur noch ein Katzensprung bis Malin Head, dem nördlichsten Punkt Irlands. Aber die Straßen sind eng und ‚scenic' – es gibt genügend Gründe für eine Pause oder einen kleinen Umweg. *Fanad Head* zum Beispiel oder Rathmelton mit seinem Karmeliterkloster und den alten georgianischen Lagerhäusern in den Mündungsauen des Leannan, wo einst Flachs für die Leinenfabriken des Nordens verladen wurde. Tief ins Land eindringende Meeresarme wie die des Lough Swilly teilen den Nordzipfel in mehrere Halbinseln, Fanad und Inishowen.

Malin Head, die Spitze der Halbinsel Inishowen, liegt etwa auf der Höhe von Bornholm. Hinter Ballygorman kann man nichts mehr falsch machen, denn auf dem Rundkurs um die Halbinsel wird man immer wieder zum Ausgangspunkt zurückkehren. Kartoffelfelder hinter den Cottages und der Rauch verraten, daß die vereinzelten Häuser noch nicht verlassen sind. Manchmal steht eine kleine, bewohnte Betonbox neben einem Cottage.

John MacLaughlin (73) zuckt nur schüchtern mit den Achseln, als wir ihn bitten, einmal einen Blick in sein Cottage werfen zu dürfen. Er weist mit langsamer Geste hinüber zu der kleinen Betonbox. „Nun ja, das Cottage gehört mir – aber ich lebe in diesem Haus." Der ‚County Council' hat es ihm auf Antrag als eine Art Altershilfe hingestellt. Kein Komfort-Bungalow, aber mit fließendem Wasser (vor dem Haus), Elektrizität, trocken und pflegeleicht für einen Junggesellen. Hinter dem Haus hat John ein paar Schafe. Einmal wöchentlich bringt die Fahrt mit dem Minibus zum Markt in Carndonagh ein wenig Abwechslung in sein einsames Leben am Ende der Welt, das die jungen Leute, kaum flügge, fluchtartig verlassen.

John zeigt uns gerne das alte Cottage. Er schläft und ißt zwar im Betonwürfel, aber irgendwie *leben* tut er hier. An rußgeschwärzten Wänden hängen ein paar vergessene Heiligenbilder, die völlig verrußten, versotteten Deckenbalken sehen so aus, als würden sie die Last des Strohdachs nur noch ein, zwei Jahre halten. Im Kamin brennt ein Torffeuer und erhitzt einen Topf Kartoffeln. John kocht hier, so wie er es sein Leben lang getan hat. Morgens um 5 Uhr steht er auf, um das Kaminfeuer zu entfachen. „Ohne Feuer würde das Haus sofort vom Schwamm befallen".

Später gesellt sich ein Typ mit amerikanischer Baseballmütze zu uns. Es ist der Nachbar. Pat ist tatsächlich amerikanischer Staatsbürger und ist nach 40 Jahren in den USA für den Lebensabend in die Heimat zurückgekommen. Vor 60 Jahren waren die beiden einmal Schulkameraden. John meint, es lägen wohl 4 Jahre zwischen ihnen, Pat besteht auf 5 Jahren. Pat ging nach Amerika, heiratete, John blieb in Donegal und Junggeselle. Nun verrät schon die Körperhaltung die beiden Welten, die zwischen ihnen liegen. John spricht leise, mit eingezogenen Schultern.

Pat steht mit leicht gespreizten Beinen, die Schultern zurück, und er spricht ein lautes Amerikanisch. Auch Pat hütet ein Feuer in einem Haus, das er nicht bewohnt. Seine Nachbarin war vor 3 Jahren 93jährig gestorben, und seitdem sorgt Pat für Torf und Feuer in dem unbewohnten Haus. Eine Ausnahme?

Wenn man nach gemächlicher Durchquerung von Inishowen in Moville oder Greencastle wieder ans Meer stößt, erblickt man am anderen Ufer des Lough Foyle Nordirland. Eine auf unserer Straßenkarte noch eingetragene Autofähre hinüber zum Magilligan Point ist längst eingestellt, und so müssen wir auf dem Weg zum Giants Causeway notgedrungen den langen Umweg über Londonderry nehmen. Notgedrungen deshalb, weil ich mich vor dieser Stadt immer gefürchtet hatte.

Nordirland

Zwei, mitten auf einer Straßenkreuzung, ins Gespräch vertiefte Polizisten kündigen uns die nahe Grenze an. Sie winken uns lässig durch und wirken noch so harmlos, als hätten sie nie eine Wasserpistole besessen. Einen halben Kilometer weiter empfängt uns eine Betonbox mit schwarz verspiegelten Scheiben. Große Warnschilder „Switch off headlights!" fordern das Ausschalten der Scheinwerfer und absoluten Gehorsam. Zwischen Wellblechsichtblenden, ‚Spanischen Reitern' und Stacheldraht bewegen sich mit Maschinenpistolen bewaffnete Männer im Dschungel-Look, deren knallrote Barrets wie Zielscheiben wirken. Wir gelten als harmlos. Keine Paßkontrolle, kein Stempel, nur Durchwinken.

Der Wechsel vom politischen ‚Süden' nach ‚Norden' ist unübersehbar. Gleich hinter der Grenze sind die Straßen weißgerahmt, sie werden breiter und eben. Das Benzin wird billiger, die Reklameschilder lauter, die Briefkästen sind rot statt grün.

Karl hatte sie schon im Rückspiegel kommen sehen, aber nichts gesagt. Mich treffen sie unerwartet wie ein Schlag in den Magen. Drei olivbraune, bereifte Panzerwagen haben sich plötzlich und leise an einer Kreuzung neben uns geschoben. Obenauf, hinter Metallgittern und Panzerglas, schwerbewaffnete Soldaten, die, Maschinengewehre im Anschlag, mit ihren Augen die umliegenden Häuser und Autos abtasten. Horror. Sind wir aus Versehen mitten in Riots (Ausschreitungen) geraten? Fehlalarm! Es ist nur eine einfache Polizeistreife.

Londonderry, nein Derry! Oder doch Londonderry? Offiziell jedenfalls letzteres. In alten Zeiten hieß die Stadt am Foyle *Daire Calgach*, „Eichenwald des Calgach" – Erinnerung an Zeiten, als Irland noch von Wäldern bedeckt war. Calgach, ein stolzer Krieger, war zu jener Zeit ein verbreiteter Männername, der auch bei Tacitus als Galgacus auftaucht.

Später, im 11. Jahrhundert, wurde die Stadt nach einem vom heiligen Columban gegründeten Kloster in *Derry Columban* umbenannt. Erst unter Jakob I. erhielt die Hafenstadt mit den Kaufmannsprivilegien den Namen *Londonderry* – die Katholiken blieben bei *Derry*. Londonderry ist die heilige Stadt der Protestanten. Ihr Jerusalem, das 1689 einer dreimonatigen Belagerung durch die Armee des katholischen James II. widerstanden hatte. Die *13 Derry Apprentice Boys* (Lehrlinge) hatten das Stadttor rechtzeitig verriegeln können. Noch heute wird der Waffenruhm der ‚Boys' von der protestantisch-orangistischen Bevölkerung gefeiert, als sei es gestern gewesen.

Londonderry ist die Stadt in Irland, in der *B+B*-Schilder im Straßenbild fehlen. Die Frage nach diesem Emblem des irischen Fremdenverkehrs löst nur ungläubiges Lächeln aus. „Bed and Breakfast? – Hier? Können Sie sich nicht ein hübscheres Städtchen aussuchen als Derry?" Zugegeben, die martialischen Polizeistreifen, die mit Betonmauern, Videokameras, riesigen Stahltoren und haushohem Stacheldraht zur Festung gestylten Polizeireviere, die Durchsuchungen beim Betreten der Kaufhäuser und vor allem die ständige Angst vor den heimtückischen Bomben der IRA, das alles wirkt nicht anziehend. Selbst das mittelalterliche *Bishop's Gate* ist mit Videokameras, Stachel-

draht und Stahlplatten bis zur Unkenntlichkeit entstellt und erfüllt so immer noch seine mittelalterliche Kontrollfunktion.

Ich hasse diese Stadt, diesen ständigen Zustand der Angst vor Autobomben. Und nun jährt sich zum 20. Mal die Ankunft der britischen Truppen. Die Zeitungen melden fast täglich Bomben, die Statistik beschwichtigt: der Alltag ist nicht ungefährlicher als die Politik. 1986 wurden 297 Menschen bei Verkehrsunfällen getötet, *nur* 296 bei Bombenanschlägen und ‚Troubles'. Beides beunruhigende Zahlen, auch für Urlauber, obwohl bisher noch kein Tourist in Nordirland durch eine Bombe ums Leben gekommen sein soll. Als ich tief im Süden einem Paddy meine Angst vor den Bomben im Norden eingestand, fragte der mich nur lapidar, ob wir ein deutsches Kennzeichen hätten. Dann wäre es überhaupt kein Problem. „Wissen Sie: alles Fernbedienung. Die vergeuden doch keinen teuren Sprengstoff für das falsche Auto."

Die ‚Irrtümer' der IRA mehren sich in erschreckendem Maße. Im Mai flog die Polizei-Station von Warren Point in die Luft, im Grocershop nebenan starb ein katholisches Mädchen, weil die IRA erst neun Minuten nach der Explosion ‚warnte'. Sie entschuldigte sich mit einem Satz. Tage zuvor hatte ein loyalistisches Mordkommando einen angeblichen IRA-Sympathisanten zu Hause überfallen und vor den Augen seiner Familie im Bett erschossen.

Eingeschüchtert von den täglichen Schlagzeilen durchstreifen wir Derry. Karl sucht nach Erinnerungen. Vergeblich fahnden wir nach der Kneipe, in der er 1966 das denkwürdige Fußball-Endspiel Deutschland–England mit seinen Verlängerungen und dem umstrittenen Elfmeter gesehen hatte. Es muß irgendwo im Niemandsland zwischen *Bogside* und Protestantenviertel gewesen sein. Die Iren brüllten für Deutschland und die *Troubles* standen noch bevor.

Die Katholiken Derrys waren damals noch einer beschämenden Diskriminierung ausgesetzt. Die Wahlberechtigung war mit Grundbesitz verknüpft, und protestantische Geschäftsleute verfügten sogar über ein mehrfaches Stimmrecht. Die städtischen

Hochburgen der Katholiken, Belfast und Derry, waren zudem durch ein Wahlsystem (*Meandering*) so geschickt aufgeteilt, daß sich beispielsweise in Belfast über ein Viertel der Katholiken in zwei von fünfzehn Wahlbezirken konzentrierten. In den übrigen Wahlkreisen waren die Katholiken in der Minderheit und protestantische Abgeordnete zogen ins Stadtparlament. Katholiken waren von öffentlichen Ämtern weitgehend ausgeschlossen, viele Fabriken verweigerten ihnen die Arbeit, Hausbesitzer die Wohnung.

Gegen diese in Europa fast einzigartigen Verletzungen der Menschenrechte formierte sich 1969 der Widerstand: die *Civil Rights Movement*. Den *Orangisten* erschien dieser Anspruch auf Gleichheit als Beschneidung, ja Verlust ihrer Privilegien. Loyalistische Banden überfielen die Bewohner katholischer Viertel, mordeten und brandschatzten. Die *B-Specials* und die paramilitärische Polizei *RUC* (Royal Ulster Constabulary, die bei den Katholiken verhaßter ist als die britischen Soldaten), sahen meist ‚tatenlos' zu und unterstützten sogar den Terror, gegen den sich die katholischen Bewohner mit Selbstschutztruppen und *Free Derry*-Zonen zu schützen versuchten.

Als am 14. August 1969 die ersten 400 britischen Soldaten in Derry einmarschierten (am nächsten Tag 600 Elitesoldaten in Belfast), wurden sie von der katholischen Bevölkerung noch als Lebensretter gefeiert. Die *Bogsiders* begrüßten die *Tommies* mit Tee und Kuchen, später, zu Weihnachten, mit Christkuchen. Eineinhalb Jahre später, eine Woche vor Valentine's Day 1971, waren die ‚Flitterwochen' der Katholiken mit den *Paras* endgültig vorüber. Die katholische IRA (die seit 1962 als Kampfgruppe nicht mehr existiert hatte) und die loyalistische UDF (Ulster Defence Force) kochten die Suppe hoch, und die britische Armee handelte wie nach Agitationsanweisung als Kolonialarmee.

Am *Bloody Sunday*, dem 31.1.72, starben 13 Zivilisten im Kugelhagel der britischen Armee. Im Februar wurde der erste Soldat Opfer in diesem sinnlosen Drama von Haß, Terror und Tränen, das in den vergangenen 20 Jahren über 2.800 Menschen gefordert hat – durch Bomben, Heckenschützen, sektiererische Meuchelmorde, Polizeikugeln und Plastikgeschosse. Die Bombenkampagne der IRA 1971 (die sie in ‚Officals' und militante ‚Provisionals' spaltete) und die Armeeinsätze verwandelten den Norden in ein Schlachtfeld, auf dem Maggie Thatcher ‚praxisnah' ihre Armee trainieren konnte.

Die Bogside, ‚notorisches' Katholikenviertel und Festung des Widerstandes, wurde 1972 für kurze Zeit zum „No go!"-Gebiet für die Briten. Heute sind die engen Reihenhäuser der Bogside, abgesehen von ein paar Häuserzeilen, abgerissen. Selbst das Haus mit der legendären Aufschrift „You are entering Free Derry" steht nur noch als abgestützter Giebel auf einer Verkehrsinsel – wie eine vergessene Theaterkulisse, quasi als Relikt oder Denkmal, das die Behörden nicht abzureißen wagten.

Der Haß gedeiht vor allem in den Ghettos und an ihren Nahtstellen. Im Schatten martialisch bemalter Hausgiebel herrschen Emotionen, sachliche Argumentation und Versöhnung sind nicht gefragt. IRA-Märtyrer rufen von Hauswänden zum Kampf, und auch die Überväter des Sozialismus versprechen anonym den Sieg im bewaffneten Kampf. Anonym deshalb, weil die Passanten, die wir nach den Namen der Helden fragen, sie nicht als Lenin und Che Guevara, sondern als Männer des irischen Freiheitskampfes identifizieren.

Auf der anderen Seite des River Foyle, in den Siedlungen der Protestanten, verherrlichen ebenso unversöhnliche Wandbilder die ‚Kämpfer der UDF': „No Surrender!" (Keine Kapitulation!). Und natürlich darf auch *King William* nicht fehlen. Denn er besiegelte schließlich das Schicksal der Iren.

Die Wurzeln des Hasses reichen tief in die Geschichte. 1602 waren die Iren bei Kinsale besiegt worden, 50 Jahre später wurde der Bauernaufstand in Ulster von Cromwells Truppen blutig niedergeschlagen. Die Briten konfiszierten 3,5 Millionen Hektar Land und trieben den Adel nach Westen: „To Hell or Connaught!" Die Schlacht am Boyne 1689 wurde zur Entscheidungsschlacht. William of Orange setzte auf irischem Boden seine

englischen Thronansprüche gegen Jakob II. durch. Ein Ereignis, das 300 Jahre zurückliegt, aber auch heute noch wie unauslöschlich in die Gemüter dieser Iren gebrannt scheint. Damals – als ein protestantischer Holländer (Wilhelm von Oranien) mit Rückendeckung des Papstes (!) und einer französischen Armee über einen katholischen, in Frankreich erzogenen Schotten siegte.

Causeway Coast

Der Niederlage am Boyne folgten 1695 die *Penal Laws*, ein Gesetzeskatalog, der den Iren Landbesitz, Lehrtätigkeit, das Richteramt, die Bekleidung öffentlicher Ämter und selbst den Besitz von Pferden mit mehr als fünf Pfund Wert, verbot. Die irischen Grafen flohen in Scharen auf den Kontinent.

Wir fliehen vor den Bombendrohungen nach Portrush, einem beliebten Badeort an der Nordküste, weit weg von den ‚Troubles'. Das englische Seebad lockt mit weitläufigen Sandstränden, Promenaden, Amusementparks, Tennis, Golf und langen Häuserreihen von Pensionen mit Seeblick. 1874 muß der Badeort, so berichtet jedenfalls Arnold von Lasaulx, ein beliebtes und lukratives Pflaster für deutsche Kellner gewesen sein, denn im Hotel *Wappen von Antrim* arbeiteten ausschließlich deutsche Kellner.

Wir wohnen in einer kleinen, sicher typischen Pension: „The Ninth" – für Golfspieler und ohne Meeresblick. Die Gastgeberin ist eine quirlige, unentwegt lächelnde Dame jenes Typs, der seine Gäste liebevoll verhätschelt und zu Dauergästen erzieht. Das Breakfast ist enorm: bacon and eggs, Würstchen, Kartoffelbrot und ‚Pfannenbrot'.

Am Frühstückstisch wird vor allem über Golf und das Wetter gesprochen. Die Gäste am Nebentisch haben für mich als schottische Australierin einen vertrauten Akzent, sind aber Iren. „Die Leute bezeichnen uns als *Ballymoney Scots*." Sie sind also Nachfahren jener 150.000 Schotten, die im Norden ‚angepflanzt' wurden. – „In Schottland hören sie sofort, daß wir Iren sind, aber die Engländer hier wissen das nicht immer. In Blackpool hat man uns in einer Bar sogar schon die Bedienung verweigert wegen dieses Dialekts. In Ballymoney kennen wir nichts von den *troubles*, dort gibt es nur ein paar wenige ‚trouble maker'."

Schottischer Dialekt ist in Irlands nördlichster Grafschaft Antrim unüberhörbar. Dieses „Och aye!" und die *rrrrs* werden stark betont. Es hört sich fast so an, wie bei meinen Großeltern in Linlithgow, (wo Mary, Queen of Scots geboren wurde) bei Edinburgh. Kein Wunder, Schottlands Halbinsel Kintyre ist in Sichtweite. So nah, daß man sie bei flüchtiger Betrachtung gar mit Rathlin Island verwechseln könnte.

Ulster war die erste Provinz Irlands, in der London nach der Niederlage der gälischen *Chieftans* 1603 im Rahmen der sogenannten *Plantations* erfolgreich Engländer und Schotten, vor allem Presbyter, ansiedelte. Schon Maria Stuart hatte 1550–70 vergeblich versucht, königstreue Enklaven (vor allem in den Grafschaften Offaly und Leix) zu gründen. Das klappte erst nach den Enteignungen durch Cromwell, und hundert Jahre später waren nur noch 5% von Ulster in katholischer Hand. Die Plantation-Städte wurden befestigt, die Beschäftigung von Katholiken in ihren Mauern verboten.

Hier sind wieder die wirklichen Wurzeln des tiefen Mißtrauens im Ulsterkonflikt freigelegt. Die Engländer pflanzten Gemeinschaften mit fremder Sprache und anderer Religion mitten in die katholische Landbevölkerung. Die Presbyter saßen immer schon zwischen zwei Stühlen. Von den Anglikanern wurden sie als Dissidenten befeindet und standen doch andererseits auch den Katholiken feindlich gegenüber. Während die Engländer den Süden in eine Rinderfarm verwandelten, unterstützten sie im Norden die Industrialisierung. Den neuen Farmern stand mehr Kapital zur Verfügung, sie arbeiteten (u.a. auf Grund der Cottage-Industrie) effektiver, vergrößerten zwangsläufig das Gefälle der ohnehin reicheren Nordprovinz zum armen Süden.

Drei englische Meilen von Portrush entfernt, auf dem Weg zum *Giant's Causeway*, liegt höchst dramatisch, unmittelbar an der Kante der nordirischen Kreidesteilküste, die Ruine von *Dunluce Castle* (dun = firmus; lus = Burg). Ohne freundliches Efeu, aber mit geisterhafter Silhouette und schauerlichen Episoden aus der Krabbelkiste der Geschichte. Der Höhepunkt der Gruselführung ist die Story, daß Dunluce 1639 aufgegeben wurde, nachdem in einer stürmischen Nacht die Schloßküche und die Schlafkammern der Dienerschaft abbrachen und ins Meer stürzten. Die Kanonenkugeln der Armada verfehlten das Schloß um mehrere Meilen. Die spanischen Kapitäne verwechselten auf ihrer verhängnisvollen Flucht die Basaltsäulen des *Giant's Causeway* offensichtlich mit den Schornsteinen von Dunluce.

Der Giants Causeway ist der Touristenmagnet Nordirlands. Im Altirischen heißt das berühmte Lavapflaster *Clochan nabh Fomhar* oder ‚Treppenstufen des Fomar', nach einem legendären Piraten an der Nordküste. Der Riese Fingal, der irisch-schottische Herkules, soll den Damm von hier bis Schottland gepflastert haben. Schon im letzten Jahrhundert wurde der ‚Damm des Riesen' als eines der acht Weltwunder gepriesen. 1843 erwähnte Johann Georg Kohl sogar noch einen Jahrmarkt, der sich jeweils am 13. August vom Wirtshaus bis zur Küste erstreckte, bei ruhigem Wetter sogar bis zu den Säulenköpfen des Causeway.

Nach so vielen Superlativen, weitschweifenden Legenden und übertreibenden Kupferstichen muß das ‚Weltwunder' einfach enttäuschen. So erging es auch schon manchem Reisenden im letzten Jahrhundert. Als Thackeray mit einem Ruderboot in stürmischer See die berühmte Felsformation erreichte, entfuhr es ihm enttäuscht: „Mein Gott – und ich bin 150 Meilen gereist, um *das* zu sehen?" Auch Dr. Johnson kommentierte 1862, als James Boswell ihn zum Besuch des Basaltwunders überredete, nur: „Worth seeing, but not worth going to see." (Lohnt das Anschauen, aber nicht die Anfahrt.)

Dem muß widersprochen werden. Obwohl auch bei uns die Enttäuschung aufgrund zu hoch geschraubter Erwartungen vorprogrammiert war. Der Giants Causeway ist kein mächtiger Damm, sondern ein je nach Wasserstand größtenteils überschwemmtes Basaltpflaster, das vor allem durch die Fülle der Details fasziniert. Es besteht aus 40.000 senkrechten, von Wasser und Zeit glattgeschliffenen, meist sechsseitigen, aber auch neun- und dreiseitigen Basaltsäulen. Sie entstanden vor 60 Millionen Jahren beim Erkalten glühender Lavaströme nach Durchbrechen der Erdkruste.

Marktzentrum im nordöstlichen Zipfel Irlands ist Ballycastle, dessen Hauptstraßen auf dem kleinen Platz *The Diamond* zusammentreffen. Hier passiert es uns, daß ein Bäcker die Münzen mit der Harfe, die wir ihm versehentlich auf den Tresen legen, mit der Bemerkung ablehnt: „Sorry, das sind irische Münzen!", um sogleich in verlegenes Lachen auszubrechen: „Natürlich, wir sind auch Iren, aber Sie wissen ja..."

Von Ballycastle hat man zwei Möglichkeiten, nach Belfast zu gelangen. Wenn man viel Zeit hat, ist die im Notprogramm der ‚Famine' entstandene *Antrim Coast Road* zu empfehlen. Die Ostküste ist sicher nicht so aufregend wie der Westen, aber auch hier warten hinter Haarnadelkurven und Hecken so manche Überraschungen. Wenn man es eilig hat, kann man auf Schnellstraßen und Autobahnen in wenigen Stunden Belfast erreichen. An diesem Sonntagmorgen ist der Highway fast leer, nur ein Konvoi von etwa 15 Panzerwagen verrät, daß wir uns Nordirlands Hauptstadt nähern. Ich vermute wieder den Ausbruch von Unruhen, aber das Radio meldet keine Vorkommnisse.

Belfast

Belfast ist – vor allem an einem Sonntagmorgen – eine der merkwürdigsten Großstädte, die ich jemals besucht habe. Wir suchen die City und merken erst, daß wir uns im Stadtzentrum befinden, als wir es schon wieder verlassen. Belfast fehlt es vor allem an parkenden Autos, deren steigende Dichte in anderen Metropolen die Nähe zum Kern verrät. Der Stadtkern wirkt wie ausgestorben und es scheint, als habe man sich verirrt.

Nordirische Städte sind Parkparadiese. Selbst im Zentrum gibt es Parkplätze in Hülle und Fülle. Wären da nicht die riesigen Schrifttafeln: „No unattended cars!". Unbeaufsichtigt zurückgelassene Autos lösen sofort einen Bombenalarm aus, das Gelände wird abgeriegelt, ein Polizeiroboter untersucht das Fahrzeug und versucht im Zweifelsfall durch eine kleine Sprengung den vermuteten Sprengkörper zu zünden. Also in keinem Fall den Wagen alleine zurücklassen. Parksünder werden hier nicht einfach abgeschleppt, der ‚Liebling' könnte nach einem *Tea for Two* nicht wiederzuerkennen sein.

Das Europa-Hotel erscheint mir die sicherste Adresse für ein zweites Frühstück. Karl hat die Straße ganze fünf Minuten nach

entsprechenden Warnschildern abgesucht, bevor wir (nach einer Personenkontrolle in einer vor dem Haupteingang errichteten Bauhütte) in die Lobby und den Breakfast-Room schlüpfen. Später wechseln wir zu Nordirlands berühmtestem Pub, unmittelbar auf der gegenüberliegenden Straßenseite, *The Crown Liquor Saloon*. Jeder Quadratzentimeter scheint dekoriert. Bleiverglasung, holzgeschnitzte Vertäfelung, bemalte Fliesen, palmenförmige Holzsäulen, rosa und schwarzer Marmor der Theke, Messingzapfhähne mit Porzellangriffen, Spiegel mit eingravierten Blätterranken und Jagdszenen. Das alles als Rahmen für jede Menge Alkohol. Während der Lunchtime drängeln sich vor allem Büroangestellte auf den Barhokkern und auf den Holzbänken der Snugs.

Nach einem *Black Velvet* gewinne ich die nötige ‚Leichtigkeit' für einen unbeschwerten Stadtbummel, der allerdings schon nach 500 Metern wieder im nordirischen Klischee endet. Wir schlendern an Oper und Theater vorbei, um nach links in die Grosvenor Road einzubiegen. Rechter Hand eine Polizeifestung, die man höchstens von der anderen Straßenseite in Augenschein nehmen möchte: schwere Stahltore, haushohe, stacheldraht-gekrönte Mauern, Wachttürme, wie die eines Hochsicherheitsgefängnisses.

Minuten später kann ich mir die Festung von innen ansehen. Ausgerechnet auf unserer Straßenseite kommt uns eine Patrouille entgegen. Sie gehen nicht zusammen, sondern bilden ein magisches Dreieck, sichern, drehen sich und ihre schweren Waffen ständig um die eigene Achse, tasten die umliegenden Häuser nach tödlichen Gefahren ab. Und ausgerechnet diese Typen muß Karl fragen, wie man eine Fotografiererlaubnis für Soldaten erhält. Schon zeigt der Lauf einer Maschinenpistole auf meine kleinen Füße.

Während zwei der Soldaten in Deckung gehen, um zu sichern, fragt uns der Commander ein wenig aus und empfiehlt uns dann, doch einfach mit rüber ins Revier zu kommen. Mir sinkt das Herz in den Magen. ‚Revier'? Spontan fällt mir dazu nur das *9. Revier* in einer alten Jugenstilvilla in Hannover-Linden ein, dem wir täglich in die Wachstube sehen können. Und nun betrete ich durch mehrere Schleusen eines der gefährdetsten und gesichertsten Gebäude Nordirlands. Letzte Woche, erzählt mir ein Soldat, habe jemand von einem vorbeifahrenden Lkw eine Bombe über den zehn Meter hohen Zaun auf den Hof geworfen, genau dorthin, wo wir jetzt stehen.

Im Schutz der Mauern sind die Männer der Patrouille offensichtlich erleichtert, laden Radiotransmitter ab, knöpfen ihre Bleiwesten auf, stellen die Maschinenpistolen ab und dürfen wieder reden. Einige sprechen sogar passables Deutsch. „Wirklik! Hanover!" lachen sie und erinnern sich an bessere Zeiten in ihrem Soldatenleben. Sie rekrutieren sich vor allem aus in Celle stationierten Einheiten. Mehr wollen sie nicht sagen. Und Hannover kennen sie wegen der Discos. Gleich hinter der Festung trennt die M 1 verfeindete Viertel, weiter im Norden liegen die Hochhausslums *The Falls*, die vom protestantischen *Shankill* durch eine ‚Peace Wall', eine Mauer aus Wellblech und Beton getrennt wird. Grosvenor erscheint mir schier hoffnungslos. Eine angekokelte, vergitterte Grundschule, Ruinen mit verbarrikadierten Fenstern, hinter denen sich – man glaubt es kaum – urgemütliche Pubs verbergen. Zwischen Mauerresten und ausgebrannten Autowracks qualmen Autoreifen. Zehnjährige Jungs, die von einem US-Fernseh-Team vor ihrer Schule befragt werden, reden von Haß und Vergeltung – life ins Mikro.

Aber man tut dieser Stadt Unrecht, nur ihre marode Seite zu beleuchten. Das Bild einer zerbombten Metropole mit ausgebrannten Straßenzügen, wie sie noch Anfang der 80er Jahre zu sehen waren, dieses Klischee gehört längst der Vergangenheit an. Es wird investiert. Glasfassaden, neue Geschäftszentren, jede Menge Baukräne und Gerüste signalisieren die Wiedergeburt einer Stadt, die sich in den Fußstapfen Glasgows sieht und von neuer Blüte träumt. Zwischen 1870 und 1920 galt Belfast als *Linenopolis*, die Leinenhauptstadt der Welt. Seit dem 17. Jahrhundert wurden auch große Mengen Tabak aus Amerika importiert und in Belfast veredelt. Belfast besaß einmal die größte Werft der Welt, auf der auch die *Titanic* geboren wurde.

Trotz dieser erhofften ‚Wiedergeburt' – den „Glorious Twelfth" in Belfast zu verbringen, ist nicht meine Sache. An diesem 12. Juli 1989, am *Orange Day*, gedenken Nordirlands Protestanten dem 300. Jahrestag der Schlacht am Boyne. Schon am Vorabend brennen in ganz Nordirland die ‚Freudenfeuer' der Loyalisten. Tage, an denen sich Haß und Emotionen besonders leicht entladen. So verlassen wir Belfast in Richtung Süden. Die grenznahe Grafschaft Armagh ist eine der Hochburgen der Katholiken und gilt als schwierig zu kontrollierendes Hinterland der IRA.

In Newry, kaum zehn Kilometer vor der Grenze zur Republik, haben loyalistische Jugendliche eine Art Scheiterhaufen errichtet, auf dem symbolisch die irische Flagge weht. Seit Monaten haben sie Hunderte von Autoreifen, Bauholz und Sperrmüll zusammengetragen. „Dieses Mal werden es ‚nur' 350 Reifen sein, im letzten Jahr waren es sogar 800 Reifen", klagen die Anwohner über den gefährlichen Spaß, dessen Funken und

Hitze je nach Windrichtung (und Bierkonsum) die umliegenden Häuser gefährdet. Rationalität und Brandschutz sind hier nicht gefragt.

Die meisten der aktiven Jugendlichen würde ich als extrem rechtsradikal einstufen. Im Suff und in der Masse kommen Sprüche über „kastrierte Neger" und die „Irish Pigs" schnell über die Lippen. Kleine Jungs strekken uns als ‚Deutschen' ein naives „Heil Hitler!" entgegen. Wenige Minuten, nachdem der Anführer, ein 25jähriger (arbeitsloser) Fernfahrer, den Scheiterhaufen entzündet hat, verwandelt sich der Haufen unter dem Gejohle der Umstehenden zu einem beängstigenden Flammeninferno.

Sieht man genau hin, stehen die 30 bis 40 Jugendlichen ziemlich allein da. Die Erwachsenen, die sich das Schauspiel aus sicherer Entfernung ansehen, wirken eher betreten, fürchten sie und verachten sie sogar. Dies hier ist nicht einmal ein protestantisches Viertel. „Wissen Sie," vertraut mir ein kleiner Dicker an, „ich wette, die meisten Unionjacks, die sie hier geflaggt sehen, wehen vor katholischen Häusern. Aber nur nachts – um Schlimmes zu verhindern."

Die Leute empfehlen uns die Orange Parade von Loughbrickland. Auf dem Weg dorthin geraten wir auf einer Strecke von zehn Kilometern zweimal in eine Polizeistreife. Unerwartet, plötzlich hinter einer Kurve, warten sie, drei, vier gepanzerte Fahrzeuge. Im Buschwerk Soldaten mit geschwärzten Gesichtern. Am nächsten Morgen ist es unmöglich, sich dem Schauplatz mit einem Fahrzeug zu nähern. Aus Angst vor Autobomben dürfen in Sichtweite der Parade keine Fahrzeuge stehen.

Eine Orange Parade ist eine ernste Sache. Hier wird marschiert, als ginge es immer noch um den Sieg, auch wenn dieses Ereignis schon 300 Jahre zurückliegt. Der Trommelwirbel der Lambeg-Drums und der Klang der Pikkoloflöten und Dudelsäcke (*Warpipes*) rufen zum Kampf gegen den Anti-Gott. Die Männer in den Marschkolonnen lachen nicht. Gekleidet in schwarzen Anzügen mit Krawatten, weißen Hemden, orangefarbenen Schärpen und Bowler-Hüten, die schwarzen Regenschirme in der geballten Faust wie Schwerter. Mächtige Banner mit William von Oranien, *King Billy* auf seinem Schimmel, und endlose Ulsterfahnen, eine rote Hand auf weißem Grund, flattern über dem martialischen Ereignis.

Die *Loyal Orange Lodges* marschieren in geschlossenen Marschblöcken, nach LOL-Nummern geordnet und hinter klangvollen Namen wie *Royal Scarlet* (Königsscharlachrot) oder *Link and Chain* (Glied und Kette). Als sich Karl während des Fotografierens unbedacht in eine Marschkolonne verirrt, wird er grob und mit körperlicher Gewalt aus dem Block gestoßen. Dies ist kein karnevalistischer Umzug, dies ist voller Ernst, hier herrscht Kriegsstimmung. „Lest we forget 1689!" und „No Surrender!" rufen sie im Chor der ewig Belagerten.

Ihr Tempel ist die Orange Hall. Hier treffen sich die Mitglieder einmal monatlich, um zu reden. Worüber? Das bleibt ein Geheimnis. Lodges sind die Ortsgruppen der Orange Order, Gesellschaften mit geheimen Handzeichen und Schwüren. Der Orange Orden begann 1780 hier in Armagh als Geheimgesellschaft, ursprünglich als Schutztruppe gegen die Großgrundbesitzer, um die Pacht gering zu halten. Erst später wandelte sich der Schutzbund zu einer antikatholischen Bewegung, aus der heraus 1885 die *Unionist Party* gegründet wurde.

Frieden in Sicht?

Am Tage danach berichten die Tageszeitungen ausführlich über die 19 Paraden, an denen über 100.000 Männer teilgenommen hatten, 25.000 allein in Belfast. Aber sie verraten auch die Wurzeln des Hasses. Auf der letzten Seite der Ulster-Zeitung *News Letter* hetzt der Demagoge Ian Paisley in mittelalterlicher Engstirnigkeit gegen das anglo-irische Abkommen von 1985 und die EG: „Das Vereinigte Königreich (UK) ist in der EG verschmolzen und in Gefahr, in einer vorwiegend römisch-katholisch dominierten Allianz von Nationen, welche eine Mehrheit von über 187 Millionen Katholiken über die Protestanten bilden, unterzugehen. Frankreich, Deutschland, Spanien und Italien, alles ehemalige bittere Feinde der britischen Krone, sind nun in der Europäischen Gemeinschaft vereinigt, um die Souveränität der britischen Krone zu zerstören. Bei diesen Anstrengungen werden sie von den Nazis-unterstützenden Schakalen, der Irischen Republik, unterstützt." Ein anderer Sprecher auf der Parade von Derry warnte, daß „viel zu viele Leute heute von Kompromissen, gegenseitigem Verständnis und Versöhnung reden."

Die Grenzen zwischen dem Norden und Süden sind häufig nur imaginär, verlaufen nicht eindeutig entlang Flüssen oder Bergrücken. So wechselt auch die Landstraße zwischen Cavan in Richtung Clones immer wieder diese unsichtbare Grenze und ist (so klagt die Polizei) extrem schwierig zu überwachen.

Bei Cloverhill geraten wir in einen Verkehrsstau. Hunderte von Fahrzeugen sind entlang der Straße abgestellt. Da kann man in Irland nur mit zwei Möglichkeiten rechnen: einem Pub oder einer Kirche. Es ist eine Kirche, ein Friedhof, eine Beerdigung. Die Präsenz der Polizei bleibt kein Geheimnis. „Ein alter Mann ist gestorben, seine Söhne sind Mitglieder der *Ulster Defence*", klärt uns der Uniformierte auf. „Wir haben außerdem noch ein paar bewaffnete Polizisten in der Kirche postiert, anderenfalls hätten die Söhne nicht kommen können."

Wir beschließen, nicht allzulange hier herumzuhängen. Im weiten Bogen fahren wir zurück nach Armagh und von dort nach Süden. County Louth, Irlands geschichtsträchtigste Grafschaft. Die Hochkreuze von Monasterboice, nur wenige Meilen weiter südlich das prähistorische Newgrange, eine der bedeutendsten ‚Totenstädte' der Welt, unter deren Grabhügeln gewaltige Grabkammern verborgen liegen.

Weiter südlich bei Navan stoßen wir auf den *Hill of Tara*, einst Sitz der irischen Hochkönige. Am Boyne gelegen, jenem Fluß, an dem 1689 die entscheidende Schlacht geschlagen wurde, welche die Gemüter der Iren noch heute bewegt. Damals, vor 300 Jahren, damals, als ein protestantischer Holländer mit Unterstützung des Papstes und einer französischen Armee über einen katholischen, in Frankreich erzogenen Schotten siegte… ◀

Literatur

Behan, Brendan, Borstal Boy, Black Swan 1958 (Bekenntnisse eines irischen Rebellen)
Böll, Heinrich, Irisches Tagebuch, Kiepenheuer & Witsch, Materialien und Nachwort „13 Jahre später".
Brody, Hugh, Inishkillane, Jill Norman+Hobhouse
Carson, Ciaran, Irish Traditional Music, Appletree
Evans, E., Irish Folk Ways, Routledge & Kegan Paul
Gray, Tony, 5mal Irland, Serie Piper
Gerald of Wales, History and Topography of Ireland
Haefs, Gabriele, Das Irenbild der Deutschen
Joyce, James, Dubliners, Penguin
Kohl, J. G., Reisen in Irland, Dresden 1843
Lasaulx, Dr. Arnold von, Aus Irland, 1877
Mason, Thomas H., The Islands of Ireland, 1936
Morton, H.V., In Search of Ireland, Methuen 1930
Murdoch, Iris, The Red and the Green, Dublin
Murphy, Dervla, A Place Apart, Penguin
Macweeny Conniff, The Stone Walls of Ireland
Newby, Eric, Round Ireland in Low Gear, Picador 1987
O'Brien, Edna, Mother Ireland, Penguin
O'Brien, Flann, The Poor Mouth, Picador
O'Crohan, Tomas, The Islandman, Oxford Uni Press (Die Boote fahren nicht mehr aus)
O'Sullivan, Maurice, Twenty Years A-Growing, OUP
Sayers, Peig, An Old Woman's Reflections, Oxford Press
Shand, A.I., Letters from West of Ireland, 1885
Somerville-Large, P., The Grand Irish Tour, Penguin
Synge, J. M., The Aran Islands, Oxford Uni Press In Wicklow, West Kerry and Connemara, O'Brien Press
Thackeray, W. M., Irish Sketch Book, Blackstaff Press
Uris, Jill & *Leon* Ireland A Terrible Beauty, Corgi
Woodham-Smith, Cecil, The Great Hunger Ireland 1845–49, Hamish Hamilton
GEO-Special Irland, GEO, Gruner & Jahr
Richtig Reisen Irland, Wolfgang Kuballa, DuMont
Irland – Ein Politisches Reisebuch, C. Oeser, VSA
Nach Irland reisen, Elsemarie Maletzke, Fischer
Irland, Franz Rappel, Verlag Martin Velbinger,
Irland, K. H. Raach, Klaus Viedebandt, Bruckmann
Ireland, K. Francke, Dervla Murphy, Eason Orbis
Vanishing Ireland, R. Fitzgerald, E. O'Brien,
Irland – Der Westen, K. Francke, W. Kuballa, DuMont
Irland – Anders Reisen, A. Weller, C. Potting, Rowohlt
Irland, Volker Bartsch, Ellert & Richter
Irland Ole Hoyer, Wendy Snowden, Herder
Irische Inseln, Erben der Einsamkeit, M. Küthe, Stürtz
Phantastische Ruinen, S. Marsden, D. McLaren, DuMont
Irland Kunst Reiseführer, Wolfgang Ziegler, DuMont
Touring Guide to Ireland, Automobile Association
The Shell Guide to Ireland
APA Guide Ireland und *APA Guide Dublin*
irland journal, vierteljährliches Magazin für Irlandfreunde, Dorfstraße 70, 4130 Moers 1

Fotografie

Das schlimmste, was einem Fotografen in Irland passieren kann, ist Dauerregen – oder Dauersonne. Im Juli hatten wir drei Wochen lang ein Traumwetter für Urlauber: Sonne, Sonne, Sonne. Die für Irland ungewöhnliche Hitze produzierte allerdings auch einen permanenten Dunstschleier, der eine Fernsicht unmöglich machte und abgesehen von den sehr frühen und späten Tagesstunden der Landschaft den ‚irischen Charme' raubte. Für einen Fotografen, der stimmungsvolle Landschaftsbilder sucht, ist allzuviel Sonnenschein eine eher langweilige Angelegenheit. Ich sehnte mir das März- und Aprilwetter zurück – unberechenbar und wechselhaft – mit gelegentlichen Hagelschauern, Stürme, mit schnellziehenden Wolken, Regen, Sonne, Regenschauer und gelegentlich auch ein Regenbogen.
Zur Ausrüstung: Fotografiert habe ich mit meinen bewährten und über die Jahre reichlich geschundenen LEICA-R4s-Kameras und Leica-Objektiven folgender Brennweiten: 21, 28, 60, 90, 180 und 250 mm. Für Landschaftsaufnahmen war ein stabiles Stativ unverzichtbar. Alle im Buch veröffentlichten Fotos (auch die S/W-Fotos) wurden auf Diafilm aufgenommen. Ich arbeitete in der Hauptsache mit dem feinkörnigen AGFAchrome 50 RS Professional, der sich durch eine ausgewogene Farbwiedergabe auszeichnete. Bei schwierigen Lichtverhältnissen benutzte ich den Kodachrome 200, der für seine hohe Empfindlichkeit außergewöhnlich scharf abbildet. In Räumen, z. B. bei den Fiedlern der Westküste, setzte ich zusätzlich zwei Handblitze und Reflexschirme zum Aufhellen ein, um mit dem feinkörnigen 50-ASA-Film fotografieren zu können.
Zurück in Deutschland begann die Qual der Wahl. Tausende von Dias waren auf dem Leuchttisch zu sortieren und zusammenzustellen. Bei der Endauswahl und dem Layout erwies sich die Verwendung von Farbkopien eines Laserkopierers Canon CLC 500 als ausgesprochen hilfreich.
Die in diesem Band gedruckten Dia-Originale werden von der Münchener „Bildagentur der Fotografen LOOK" archiviert und für die Zweitnutzung angeboten.
Bildagentur der Fotografen LOOK,
Kapuzinerstraße 9 D, 80337 München,
Telefon (089) 544233-0, Fax (089) 544233-22

Unser Programm:

die besonderen Bildbände!

Hardcover, 156 Seiten mit 140 Farb-+S/W-Fotos
ISBN 3-925544-05-4 – Kodak-Fotobuchpreis 91

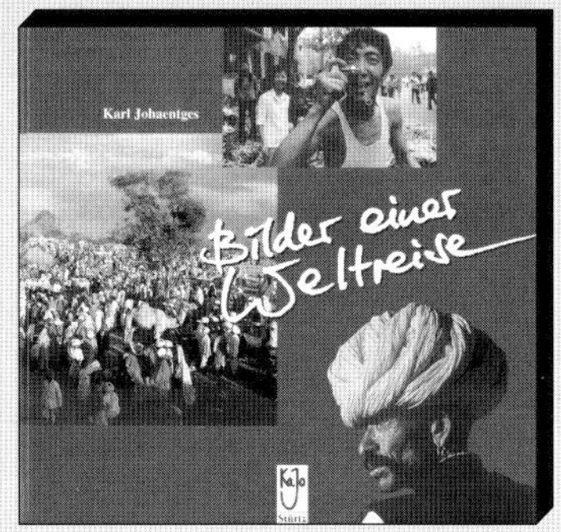

Hardcover, 184 Seiten mit 170 Farb-+S/W-Fotos
ISBN 3-8003-0794-4

Hardcover, 144 Seiten mit 150 Farb-+S/W-Fotos
ISBN 3-8003-0793-6

Hardcover, 156 Seiten mit 120 Farb-+S/W-Fotos
ISBN 3-8003-0796-0

Hardcover, 156 Seiten mit 140 Farb-+S/W-Fotos
ISBN 3-925544-15-1

Hardcover, 156 Seiten mit 140 Farb-+S/W-Fotos
ISBN 3-925544-10-0

Hardcover, 180 Seiten mit 170 Farb-+S/W-Fotos
ISBN 3-8003-0795-2 – Kodak-Fotobuchpreis 88

Hardcover, 192 Seiten mit 170 Farb-+S/W-Fotos
ISBN 3-925544-19-4

Hardcover, 192 Seiten mit 150 Farb-+S/W-Fotos
ISBN 3-8003-0797-9

Hardcover, 204 Seiten mit 230 Farbfotos, 11 Karten
ISBN 3-800308-09-6

Hardcover, 156 Seiten mit ca. 130 Farbfotos
ISBN 3-925544-12-7

Hardcover, 184 Seiten mit 150 Farb-+S/W-Fotos
ISBN 3-925544-14-3

Karl Johaentges

geboren 1948 in Daun/Eifel.

Nach seinem Erfolgsbuch *„Bilder einer Weltreise“* und der erfolgreichen Gründung seines KaJo-Verlages brachte Karl Johaentges in Zusammenarbeit mit Jackie Blackwood sowie anderen Fotografen und Autoren bislang 20 Bildbände heraus. Drei dieser Bände wurden schon mit einem Kodak-Fotobuchpreis ausgezeichnet. Den Beruf des Architekten hat Johaentges 'an den Nagel gehängt' und arbeitet seit 12 Jahren als Profifotograf und Verleger in Hannover. Neben den umfangreichen Bildbandprojekten sind seine Arbeitsschwerpunkte vor allem Reportagen, Länderportraits, Architekturfotografie und Luftaufnahmen.
1990 gründete er mit 18 anderen Fotografen die *Bildagentur der Fotografen LOOK* in München, (Tel. 089/544233-0), die seitdem sein gesamtes Bildmaterial archiviert und anbietet. Im Herbst 1996 gab er seine verlegerischen Aufgaben an den Stürtz-Verlag in Würzburg ab, um sich wieder verstärkt herausgeberischen Aufgaben und vor allem der Fotografie widmen zu können. Für den Stürtz-Verlag fotografiert Johaentges auch Bildbände der LOOK-Reihe. Der Fotograf ist Mitglied von *FreeLens* und des *BFF.*

Jackie Blackwood

geboren 1959 in Schottland

Im Alter von 18 Monaten wanderte Jackie Blackwood mit ihren Eltern als *„10-Pound-Tourist“* nach Australien aus. Während ihres Literaturstudiums unterrichtete sie für zwei Jahre Schulkinder auf entlegenen Farmstations im Outback Australiens. Bevor sie 1984 zu einer mehrjährigen Weltreise aufbrach, leitete sie mehrere Jahre in Perth (Westaustralien) eine Buchhandlung. Von Asien kommend, erreichte sie 1985 Deutschland und blieb in Hannover hängen. Zusammen mit Karl Johaentges realisierte sie seitdem zahlreiche Buchprojekte. Zur Zeit konzentriert sie ihre Arbeit auf Projekte zum Thema Australien und Bahnreisen. Sie lebt und arbeitet in Hannover und träumt von einem Häuschen *„downunder“*.

Schottland
Malin Head
Tory Island
Giants Causeway
Bloody Foreland
Londonderry
NORDIRLAND
Killybegs
Slieve League
BELFAST
Armagh
Achill Island
Croagh Patrick
Shannon
Connemara
Hill of Tara
Athlone
DUBLIN
Galway
REPUBLIK IRLAND
Aran Islands
Burren
Ennistymon
Glendalough
Miltown Malbay
Bunratty
Limerick
Tralee
Waterford
Rosslare
Dingle
Killarney
Iveragh
Waterville
Kenmare
Cork
Skelligs
Beara
Kinsale
0
50 km